新闻传播与政务服务改革

江门『数字政府』观察

沈文金　詹雨鑫　潘晓晨　等／著

南方日报出版社
NANFANG DAILY PRESS
中国·广州

图书在版编目（CIP）数据

新闻传播与政务服务改革 ：江门“数字政府”观察 / 沈文金，詹雨鑫，潘晓晨等著. — 广州 ：南方日报出版社，2020.12

ISBN 978-7-5491-2251-6

Ⅰ. ①新… Ⅱ. ①沈… ②詹… ③潘… Ⅲ. ①电子政务—研究—江门 Ⅳ. ①D035-39

中国版本图书馆 CIP 数据核字（2020）第 200380 号

XINWEN CHUANBO YU ZHENGWU FUWU GAIGE

新闻传播与政务服务改革——江门“数字政府”观察

著　　者：沈文金　詹雨鑫　潘晓晨 等
出版发行：南方日报出版社
地　　址：广州市广州大道中 289 号
出 版 人：周山丹
责任编辑：李佳航
责任技编：王　兰
责任校对：肖　颖
装帧设计：邓晓童
经　　销：全国新华书店
印　　刷：广州市新怡印务股份有限公司
开　　本：787mm×1092mm　1/16
印　　张：10
字　　数：150 千字
版　　次：2020 年 12 月第 1 版
印　　次：2020 年 12 月第 1 次印刷
定　　价：38.00 元

投稿热线：（020）87360640　　读者热线：（020）87363865

序 PREFACE

“江门方案”的经验价值与理论意义

肖滨（中山大学教授、博士生导师，教育部长江学者特聘教授）

随着信息技术的发展，数字政府建设成为推进政府治理能力和治理体系现代化的重要抓手，党的十九届四中全会也明确提出“推进数字政府建设”。从本质上看，数字政府建设不仅仅是新技术在政府治理中的运用，更是治理体制的一次重大变革。实践表明，当治理体制与治理技术不匹配时，技术革新的限度就会展现出来。因此，通过体制机制创新助力数字政府建设、提高政府治理效能，回应人民日益增长的美好生活需要，是一个事关国家治理体系和治理能力现代化的重要命题。从这一角度看，本书提供了一个值得关注的“江门经验”。

2019年以来，南方日报驻江门办事处、江门市政务服务数据管理局联合开展江门市“为民服务解难题·政务服务无堵点”观察团活动，推动“堵点清零”，取得重要成效，有效提升数字政府服务能力，为努力推进治理机制与治理技术协调发展贡献了“江门智慧”，同时也为数字政府建设提供了“江门方案”。

从经验上看，“发挥媒体优势，促进政务改革”的“江门方案”可以概括为以下三点：

一是搭建改革成效“广播站”，提高群众知晓度。观察团通过实地走访，多维度感受政务服务堵点清零工作的成效，并将改革前后办事流程的变化在新闻媒体中进行宣传，为群众办事提供了完整的流程指南。

二是设立社情民意“中转站”，建立意见反馈机制。在观察团活动期间，江门市政务服务数据管理局通过线上渠道，如“南方+”客户端、南方日报微信读者群等平台，公开、广泛收集市民对江门打造“政务服务无堵点城市”的意见和建议。

三是组建专家学者“智囊团”，建立问题解决机制。此次观察团成员由人大代表、政协委员、企业家、媒体记者、高校专家、市民等多个群体的代表组成。针对群众提出的意见和观察团发现的问题提供解决思路和建议，促进“堵点清零”工作的开展。

从理论上看，“江门方案”之所以取得成效，是因为在体制机制层面的创新。当前数字政府建设的一大难题就是如何实现作为服务供给者的政府与作为服务需求者的群众之间的良性互动。江门市通过“为民服务解难题·政务服务无堵点”观察团活动，打破原有的“政府—民众”二元互动结构，搭建起“政府—媒体—民众”三元互动框架。通过“广播”机制，新闻媒体将改革信息传输给民众，同时通过反馈机制将社情民意传输给政府，搭建起政府与民众之间的信息传输桥梁，实现了服务供给者与服务需求者之间的良性互动。

如果说，一个城市的竞争力与吸引力取决于经济发展水平和社会服务水平，那么，在很大程度上，地方政府的治理机制创新和治理技术革新则是高质量经济发展和优质社会服务的关键性支撑条件。以“发挥媒体优势，促进政务改革”为核心的“江门方案”致力于治理机制创新与治理技术革新的协调发展，为实现政府与民众之间的良性互动提供了一个范例。作为数字政府建设的一种地方经验，“江门方案”值得被学习、推广和借鉴。

前言 PREFACE

发挥媒体资源优势，助力政务服务改革

沈文金（南方报业传媒集团江门记者站站长、南方日报江门新闻部主任）

党的十八大以来，全国各地区各部门认真贯彻落实党中央、国务院决策部署，不断深化“放管服”改革、提升政务服务质量，有力推动了政府治理体系和治理能力的现代化。江门作为粤港澳大湾区的重要节点城市，于2019年正式启动“政务服务无堵点城市”建设，以“全程网办”“全城通办”“四少一快”“智能办理”“指尖计划”“堵点清零”六大行动为抓手，着力破解企业和群众办事的难点、政务服务的堵点和痛点，构建方便快捷、公平普惠、优质高效的政务服务环境，进行了有益的探索，取得了积极的进展。

结合江门的相关部署，南方日报驻江门办事处（下称“江门办事处”）与江门市政务服务数据管理局联合发起“为民服务解难题·政务服务无堵点”观察团（简称“观察团”）活动，利用媒体的资源和平台优势，努力做好组织者、传播者、沟通者，为江门的政务服务改革创新、数字政府建设贡献媒体力量。

（一）做好组织者，搭建参与政府治理的多元平台

实现治理体系和治理能力的现代化，其中一个重要方面是解决主体多元的问题，让各种主体充分发挥作用、整合力量，不断推进治理的现代化水平。在构建优质高效政务服务环境的过程中，如何让更多主体参与到政府治

理中，实现政府与不同主体之间双向、有效的互动，是一个重要的课题。在本次观察团活动中，江门办事处在市政务服务数据管理局的指导下，充分发挥媒体连接各方资源的优势，努力做好活动全过程的组织者，搭建社会各界有序参与政府治理的多元平台。一是精心选择观察团观察员，涵盖了人大代表、政协委员、民营企业家、高校教授、媒体记者、普通市民等多元主体，年龄结构实现老、中、青的合理搭配，使成员构成科学、有效；二是全程统筹活动执行，在观察团成立之后，江门办事处与江门市政务服务数据管理局充分沟通、合理分工，全程统筹每期观察团活动的主题选择、人员安排、沟通衔接、宣传报道、活动反馈，确保了活动品质的稳定性。

（二）做好传播者，提升政务服务改革举措的知晓率

当前，传播方式发生巨大变革，舆论阵地发生重大转移，要求我们必须创新传播方式、增强传播能力，借助全媒体传播手段，牢牢占据舆论引导、思想引领、服务人民的传播制高点，巩固壮大主流舆论阵地，让党和政府的声音传得更开、传得更广、传得更深入。江门在打造"政务服务无堵点城市"的过程中，推出了一系列服务群众和企业办事的创新举措，对解决群众和企业办事难、优化营商环境具有重要的意义，但如何让更多的市民和企业知晓、享受这些创新举措，直接关系到政策措施的实施效果。

在此次观察团活动中，南方日报江门新闻部（简称"江门新闻部"）坚持线上与线下传播结合、传统媒体与新媒体结合的原则，积极运用专业、多元的传播方式，提升政策宣传的效果。一是注重系统化，在报纸上开设"为民服务解难题·政务服务无堵点"专栏，结合江门各项工作的进展，有序推出包括一线走访、政策解读、专家点评等在内的深度报道，强化系统传播、实现整体效果；二是注重可视性，除了报纸的深度报道外，依托"南方+"客户端这一网络平台，江门新闻部结合不同的活动内容及政策特点，运用图文直播、视频直播、动态H5、创意海报、一图读懂、短视频等传播形式，注重政策宣传的动态化、可视性、互动性，采用群众和企业喜闻乐见的形式，使党

和政府的声音传得更开、传得更广，切实提升群众和企业对政策的知晓率和获得感。

（三）做好沟通者，促进政府与社会的良性互动

媒体作为社会结构有机连接和能量交换平台，发挥着社会参与、社会沟通、社会疏导、社会监督作用，是增强政府公信力、提升国家治理能力的重要推动力量。通过信息双向互动，民众可以通过媒体对社会治理和政务服务进行及时高效的反馈，政府也可以通过媒体及时了解民众对社会治理和政务服务的意见建议，为政府有效化解舆情、提升治理能力提供重要平台和有力支撑。

在此次观察团活动中，江门新闻部在坚持正确舆论导向的基础上，注重发挥媒体的建设性监督作用，通过一线走访调研，收集、了解各界反映较为集中的江门政务服务改革短板，寻找群众、企业在办事中遇到的堵点、痛点、难点，及时向有关政务部门提供相应的意见、建议，以建设性的媒体监督推动政务服务环境的优化。据不完全统计，自活动开展以来，观察团发现的堵点、痛点、难点以及意见、建议超过50条，均顺利反馈给相关部门并得到有效解决，切实促进了政府、媒体与社会的多元良性互动，对政务服务环境的优化起到了推动作用。

营商环境的优化永无止境，政务服务的创新没有终点。相信在党委、政府、媒体、社会的共同努力下，江门在推动治理体系和治理能力现代化的实践中，会有更多的探索和经验涌现，助力全市加快打造成为珠江西岸新的增长极和沿海经济带上的江海门户。

目录 CONTENTS

下 篇 / 案例解析

「上篇」

探索实践

[权威点评]

2019年以来，南方日报驻江门办事处、江门市政务服务数据管理局联合开展江门市“为民服务解难题·政务服务无堵点”观察团活动，推动“堵点清零”，取得重要成效，有效提升数字政府服务能力，为努力推进治理机制与治理技术协调发展贡献了“江门智慧”，同时也为数字政府建设提供了“江门方案”。

——中山大学教授、博士生导师，教育部长江学者特聘教授肖滨

第一章 “为民服务解难题·政务服务无堵点”观察团正式启动

时间： 2019年11月27日

地点： 江门市政务服务数据管理局

2019年11月27日，江门市“为民服务解难题·政务服务无堵点”观察团活动在江门市政务服务数据管理局正式启动。

江门市“为民服务解难题 政务服务无堵点”观察团正式启动

11月27日，江门市“为民服务解难题·政务服务无堵点”观察团活动在江门市政务服务数据管理局正式启动。

启动观察团是江门市政务服务数据管理局以习近平新时代中国特色社会主义思想为指导，深入开展“不忘初心，牢记使命”主题教育、深入贯彻落实党的十九届四中全会精神，推动为民服务解难题，着力解决群众操心事烦心事揪心事的重要行动。通过在全

2019年11月27日“南方+”客户端截屏

启动观察团是江门市政务服务数据管理局以习近平新时代中国特色社会主义思想为指导，深入开展“不忘初心，牢记使命”主题教育，深入贯彻落实党的十九大和十九届二中、三中、四中全会精神，推动为民服务解难题，着力解决群众操心事、烦心事、揪心事的重要行动。通过在全市范围内进行实地走访调研，观察团深入了解各区（市）、各部门在打造“政务服务无堵点城市”过程中取得的成效和进步，同时进一步找出与群众期待的差距，以问题导向助力为群众解决更多操心事、烦心事、揪心事。

第1节
打通堵点：让“数据多跑，群众少跑”

启动仪式上，江门市政务服务数据管理局党组书记、局长元小文通报了江门市全力推动“堵点清零”、打造“政务服务无堵点城市”的工作成效和亮点。据介绍，江门在2018年启动数字政府综合改革试点工作，以改革为牵引，运用数字化、信息化手段解决了一批群众办事的堵点，2019年又进一步打造“政务服务无堵点城市”行动，不断让群众感受到更多改革获得感、幸福感。

2019年以来，江门扛起深化改革的担当，围绕基层事务冗杂、群众办事烦琐等突出问题，全面推进“六大行动”，即“全程网办”“全城通办”“四少一快”“智能办理”“指尖计划”以及“堵点清零”行动，着力打造“政务服务无堵点城市”。

数据多跑，群众少跑，堵点减少。“现在一出小区门口就可以办事，太方便了！”家住新会碧桂园的林先生为遍布全城的政务服务自助终端点赞。江门近年不断升级政务服务自助终端，使之与省政务服务一体机互为补充，实现更多民生服务自助办理，有效减少群众办事的堵点。截至2019年11月，江门已完成627台政务服务自助机的铺设工作，公安、人社、民政、住建等80项高频服务事项可全城、“全天候”办理。

这种“指尖办”的便民服务还不仅限在城区。2019年，江门已建成市、县、镇、村四级“1+7+74+1316”实体政务服务大厅，将政务服务网、移动端、自助终端等政务服务入口全面向基层延伸，实现了66%的镇村级政务服务事项网上可办率。江门市政务服务数据管理局相关负责人表示：“我们加大了政务服务事项下沉力度，将563项政务服务事项下沉到镇街、村居政务服务大厅办理。依托全市一体化政务服务平台和现代物流技术，推动人

江门市“为民服务解难题·政务服务无堵点”观察团启动（江门市政数局供图）

社、卫健等部门首批71项基层服务事项‘全城通办’，综合窗口实行全市无差别化受理，做到全市各村（居）进驻事项统一、应用平台统一、服务标准统一。”

第2节
堵点清零：群众、企业办事更便捷

推进政务服务改革，充分运用信息化手段解决群众、企业反映强烈的办事难、办事慢、办事繁等问题，是党中央、国务院作出的重大决策部署。2019年以来，江门市政务服务数据管理局和有关部门贯彻落实江门市委的部署要求，全力推进“堵点清零”工作。

为落实基层减负任务，倒逼部门从优化服务渠道、完善服务设施、简化办事流程、提升服务效能等方面大力改革，2019年江门市集中对群众和企业普遍反映的办事指引不清、办事程序烦琐、耗时长等堵点、痛点、难点问题进行清理。在政务服务网、实体政务大厅设立“服务无堵点”建议专区，引入“好差评”服务评价体系，向社会公布各级政务服务监督电话，利用微信服务平台等途径，广泛收集群众、企业在办事过程中遇到的政务服务堵点。

截至2020年9月，全市已清理759个政务服务问题堵点[①]。清理的堵点问题主要涉及医保、不动产登记、商事登记等与群众生活、企业办事息息相关的重点领域。

在强有力的推进下，不少与群众、企业相关的堵点问题得到快速解决。比如，此前申报车辆购置税业务只能去实体征收点办理，未能实现自助渠道办理。对此，税务部门在2019年6月增设自助办理车辆购置税渠道，配置能办理车辆购置税业务的自助终端机，同时落实推广使用广东省电子税务局车辆购置税申报缴纳功能。由此，市民可在江门市蓬江区行政服务中心办税服务厅的自助终端机办理车辆购置税的申报缴纳，在本省购置车辆的纳税人还

①本书基本按照“为民服务解难题·政务服务无堵点”观察团走访活动时间为序。为保持数据精确，成书时部分数据更新至2020年9月30日，并非活动开展时的数据。

江门市“为民服务解难题·政务服务无堵点”观察团启动仪式（江门市政数局供图）

可以登录电子税务局实名认证后申报缴纳。税务部门通过完善办税服务厅窗口、广东省电子税务局平台、自助办税终端、车购税委托代征系统等办税方式业务流程，使得纳税人的办税便捷度大大提升。

为突破时间限制，方便群众办事，江门还通过自助终端实现了“随手办、即时办、就近办”。据统计，截至2020年9月，全市74个镇（街）、365个村居已配有652台“侨都之窗”自助服务终端机，其与“粤省事”“粤商通”移动端相配合，使得一批的政务服务事项实现了“随手办、即时办、就近办”。根据2019年7月提出的“政务服务无堵点城市”计划，到2020年底，江门涉及企业群众生产生活的高频政务服务将实现“马上办、网上办、就近办、一次办”四个100%。

2019年8月，“广东政务服务网”新上线“好差评”栏目。政务服务网江门子系统也引入相关建议专区，向社会公布各级政务服务监督电话，广泛收集群众在办事过程中遇到的困难和不便，并及时处理差评意见，不断提升服务品质。

“为民服务解难题·政务服务无堵点”观察团观察员、江门市人大代表罗达全指出，堵点项目与群众、企业息息相关。江门“堵点清零”工作正按进度不断推进，取得一定成效，有效提升了政府服务能力，获得了市民和企业的肯定。有关部门还应以自我革命的勇气，刀刃向内，不断优化业务流程，科学合理安排力量，加快“堵点清零”进度，为进一步营造良好营商环境、服务市民打好基础。

第3节

集合智慧：引入第三方助推解决“三心事”

随着数字政府综合改革试点的不断推进和“政务服务无堵点城市”的打造，江门各级各部门加大改革创新力度，疏通、清理办事堵点和痛点，努力让群众更有获得感。

为进一步加强整改落实，实现“为民服务解难题”目标，同时也为进一步深入贯彻落实党的十九大和十九届二中、三中、四中全会精神，推动治理体系和治理能力现代化，江门市政务服务数据管理局联合南方日报等媒体单位共同启动“为民服务解难题·政务服务无堵点”观察团活动，邀请人大代表、政协委员、企业家、媒体记者、高校专家、市民等多个群体的代表，组成第三方观察团，进一步助力“堵点清零”，推动为民服务解难题。

南方日报 江门观察

A Ⅱ 01

江门“为民服务解难题·政务服务无堵点”观察团启动

引入第三方力量加速“堵点清零”

为民服务解难题 政务服务无堵点

11月27日，江门市“为民服务解难题·政务服务无堵点”观察团（以下简称“观察团”）启动仪式在江门市政务服务数据管理局举行，为期一年的观察团活动即日起正式启动。

观察团由江门市政务服务数据管理局与南方日报驻江门办事处联合主办。启动观察团是江门市政务服务数据管理局深入开展“不忘初心、牢记使命”主题教育，推动为民服务解难题的重要行动。通过在全市范围内实地走访调研，观察团将深入了解各区（市）、各部门打造“政务服务无堵点城市”取得的成效和进步，同时找出与群众期待的差距，以问题导向助力解决群众更多操心事烦心事揪心事。

南方日报见习记者 李嘉莹

借力第三方观察团找差距

80项高频事项可全城办全天办

设建议专区、引入“好差评”清堵点

特别推荐

力争明年医疗救助同城同待遇 A Ⅱ 02版

改革热度全省第一 江门怎么做到的？ A Ⅱ 03版

2019年12月3日《南方日报》AⅡ01版报道截图

江门市“为民服务解难题•政务服务无堵点”观察团正式启动（江门市政数局供图）

根据相关安排，本次观察团活动持续一年。活动启动之后，在为期一年的时间里，观察团将不定期深入一线进行走访调研。

观察团以“感受成效、挖掘亮点、寻找差距、促进工作、塑造品牌”为核心主线，组织观察员走进江门三区四市以及市直有关一线单位或窗口开展走访调研，进行第三方观察。其中，观察团将重点围绕涉企服务、就业创业、社保医疗、居住出行、农村服务、平台和机制建设等主题开展活动。

围绕上述重点领域，观察团的主要工作内容包括：一是通过实地走访和体验，多维度感受江门疏通、清理政务服务堵点的成效，呈现改革前后的变化，挖掘江门“堵点清零”、为民服务解难题的亮点；二是坚持以人民为中心，对照群众和企业办事的期待，从一线走访中了解政务服务仍然存在的堵点、痛点；三是集合多方智慧，深入挖掘政务服务事项堵点、痛点的产生原因，并提供解决思路和建议，促进“堵点清零”工作的开展；四是总结梳理江门政务服务“堵点清零”的经验、特色及品牌，提高群众知晓度和工作知名度。

值得一提的是，在观察团活动期间，江门市政务服务数据管理局还通过线上渠道，如“南方+”客户端、南方日报微信读者群等平台，公开收集市民对江门打造“政务服务无堵点城市”的意见、建议，融合线上线下观察团的合力，促进相关堵点问题的有效解决。

第二章 推进医疗救助"一站式"结算 让数据跑路"兜底"民生

时间：2019年11月29日

地点：江门市医疗保障局、江门市人民医院

在江门市人民医院的结算窗口前，申请了医疗救助的困难群众只须提供身份证和社保卡即可实现即时结算，不必再提供其他相关的证明材料。这是江门市医疗保障局推出的医疗救助"一站式"结算，实现"数据多跑路，群众少跑腿"。

2019年11月29日，江门市"为民服务解难题·政务服务无堵点"观察团第一期（第一站、第二站）走进江门市医疗保障局和江门市人民医院。

在江门市医疗保障局，观察员详细了解江门医疗救助制度体系建设情况及基本医疗保险、大病保险、医疗救助"一站式"结算工作推进成效，调研当前工作存在的难题，为江门市下一步推进建立医疗救助市级统筹、医保电子凭证服务改革等工作提出建议。

"为民服务解难题·政务服务无堵点"观察团首站走进市医保局

"切实感受到近年来医保一站式结算服务越来越便捷。""希望下一阶段能加快速度上线并推广医保电子凭证，让市民享受更多改革红利。""我们一定要提升服务效率、服务质量和服务深度。"

江门市"为民服务解难题·政务服务无堵点"观察团首站走进江门市医保局。

29日，江门市"为民服务解难题·政务服务无堵点"观察团首站走进江门市医保局和江门市人民医院。在

2019年11月29日"南方+"客户端现场直播截屏

第1节
底线公平：全省率先建立精准扶贫医保制度

2019年，家住江海区礼乐街道东红村的吴超波一家先后陷入困境。先是他儿子因严重车祸神志不清，需要长期住院治疗，他本人也于2018年8月被确诊为中风所致脑瘫，其妻在同年6月被诊断患上乳腺癌，一家人生活雪上加霜。

东红村村委会了解情况后，立即帮他们申请医疗救助金，包括吴超波本人的治疗费用、其妻治疗癌症的化疗费用。"他们属于农村精准扶贫户，我们根据需求专门申请了医疗'绿卡'，大大减轻了这家人的医疗支出负担。"东红村村委会相关负责人张银佩介绍。

"医疗救助作为医疗保障体系的最后屏障，以发挥'兜底'作用的最后

江门市"为民服务解难题·政务服务无堵点"观察团首站走进江门市医保局（黄烨倩摄）

安全网形态存在，对改善城乡贫困家庭的生活、推进医疗保障制度改革和维护社会和谐稳定发挥着不可替代的作用，承载着社会的底线公平。”江门市医疗保障局待遇保障科负责人、调研员张小平表示，江门早在2017年便已出台《江门市人民政府关于印发江门市医疗救助暂行办法的通知》（简称《暂行办法》），建立医疗救助制度。

《暂行办法》中，医疗救助对象覆盖最低生活保障对象和特困供养人员等重点救助对象和低收入家庭成员、精准扶贫重点帮扶对象，以及县级以上人民政府规定的其他特殊困难人员。其中，低收入家庭成员、因病致贫家庭重病患者和其他特殊困难人员救助比例达到70%以上，年度累计最高救助限额不低于8万元。

据统计，2020年1至8月，江门共发放医疗救助待遇4842.09万元，门诊和住院救助困难群众122670人次。

此外，为进一步减轻困难群众的医疗支出负担，江门初步建立二次医疗救助制度并在全省率先建立精准扶贫医疗保障制度，后者对精准扶贫对象在年度内发生的住院和特定病种门诊医疗费用，经基本医疗保险、大病保险、医疗救助支付后，剩余部分通过医疗保险精准扶贫资金给予全额资助。

第2节

破除壁垒：出台医疗救助"一站式"结算

"建立医疗救助'一站式'结算平台，有效解决困难群众垫付资金困难，申请医疗救助金环节多、周期长等问题，努力做到为民解难题，政务服务无堵点。"张小平说。

2019年1月，江门市医疗保障局组建成立以后，将医疗救助"一站式"结算列为重点工作，联合市民政局、市财政局、市人力资源和社会保障局、市卫生健康局、市扶贫办、市政务服务数据管理局、市残联制定出台医疗救助"一站式"实施方案（江医保发〔2019〕39号）。实施方案明确落实开通参保"绿色通道"和完善参保流程，完善医疗救助基金管理政策、医疗救助"一站式"资金划拨程序和建立医疗救助预付款制度。

AⅡ02 江门观察 重点 2019/12/03 星期二 南方日报

江门市医疗保障局全面推进医疗救助"一站式"结算，让数据跑路"兜底"民生

力争明年医疗救助"同城同待遇"

为民服务解难题 政务服务无堵点

在江门市人民医院的结算窗口前，申请了医疗救助的困难群众只需提供身份证和社保卡即可实现即时结算，不必再提供其他相关的证明材料。这是江门市医疗保障局推出的医疗救助"一站式"结算，实现"数据多跑路，群众少跑腿"。

日前，江门市"为民服务解难题·政务服务无堵点"观察团首站走进江门市医疗保障局和江门市人民医院。在江门市医疗保障局，观察团成员了解江门医疗救助制度体系建设情况及基本医疗保险、大病保险、医疗救助"一站式"结算工作推进成效，调研当前工作存在的难题，为江门市下一步推进建立医疗救助市级统筹、医保电子凭证服务改革等工作提建议。

南方日报记者 黄坪倩 戴惠珊

创新"兜底"举措 全省率先建立精准扶贫医疗保障制度

打通部门数据壁垒 出台医疗救助"一站式"结算

声音

江门市人大代表、江门市房产建筑设计院有限公司董事长梁汉文：

实施智慧管理 深化医保服务改革

江门市"为民服务解难题·政务服务无堵点"观察团成员、江门市人大代表、江门市房产建筑设计院有限公司董事长梁汉文。 黄坪倩 摄

三个优化提升 增强群众办事获得感

2019年12月3日《南方日报》AII02版报道截图

江门市“为民服务解难题·政务服务无堵点”观察团走进江门市人民医院，了解改革相关成效（黄烨倩摄）

2019年6月底和9月底，江门分别实现了市域内和异地就医医疗救助“一站式”结算，并建立起先诊疗后付费制度。

其中，市域内“一站式”结算基于社会保险信息系统和民政医疗救助系统对接的基础，实现“数据多跑路，群众少跑腿”，解决困难群众垫付医疗费用负担重的问题。在异地就医医疗救助方面，已开展省内和跨省异地就医直接结算的56家定点医疗机构全部完成了系统改造并上线，实现省内和跨省医疗救助与基本医疗保险、大病保险“一站式”联网直接结算。

“我在江门生活、居住多年，切实感受到近年来医保‘一站式’结算服务越来越便捷。”江门市人大代表、观察团观察员、江门市房产建筑设计院有限公司董事长梁汉文为江门市医保局的服务改革成效点赞。

截至2020年7月31日，医疗救助“一站式”结算平台市域内共结算医疗救助医疗费用10.37万人次，结算总金额2624.61万元。

“下一步，我们将在继续完善医疗救助结算服务的基础上，推进建立医疗救助市级统筹，统一全市医疗救助待遇水平，力争明年实现‘同城同待遇’。”张小平表示。

2019年11月24日，全国医保电子凭证首发启动上线，实现一台手机、一个医保二维码，参保人便可完成药店消费、医疗支付。对此，江门市医保局相关负责人表示，2019年年底前在江门市部分定点药店试点推行医保电子凭证，2020年12月底前实现医保电子凭证的应用在医院和药店全线打通。

第3节
观察团点评

江门市人大代表、江门市房产建筑设计院有限公司董事长梁汉文：
实施智慧管理　深化医保服务改革

“江门医疗救助‘一站式’结算平台有效解决困难群众垫付资金困难，申请医疗救助金环节多、周期长等问题，努力做到为民解难题，政务服务无堵点，值得点赞！”梁汉文表示，“希望相关部门的服务要继续下沉和前移，把满足群众需求作为工作的出发点和落脚点，以问题为导向，主动出击，不断提升服务水平。”

针对江门市医保局下一步的便民服务工作，梁汉文给出了三个建议。

倾听群众心声，精准直击痛点。梁汉文建议，可持续扩大医疗救助“一站式”结算平台的服务功能，开通医疗服务热线，倾听群众心声，聚焦群众反映集中的热点难点问题，不断改进服务方式方法，推动医保工作精准改革，从而优化程序，不断减少群众办事的“堵点”。

观察团声音丨梁汉文：实施智慧管理，深化医保服务改革

记者 戴惠甜 2019.11.30 10:23

“我市医疗救助“一站式”结算平台有效解决困难群众垫付资金困难、申请医疗救助金环节多、周期长等问题，努力做到为民解难题，政务服务无堵点，值得点赞！”

江门市“为民服务解难题·政务服务无堵点”观察团成员、江门市人大代表、江门市房产建筑设计院有限公司董事长梁汉文。黄烨倩摄

29日，江门市“为民服务解难题·政务服务无堵点”观察团首站走进江门市医保局和江门市人民医院。在

2019年11月30日“南方+”客户端截屏

实施智慧管理，深化服务改革。梁汉文认为，医疗救助“一站式”结算平台与省内外医疗机构对接，要实现服务整合、数据交换、信息共享，统筹推进机制创新，打好医保市级统筹支付方式改革，大力破解制约医保事业科学发展的难题。有关部门可进一步建立健全在本市转院或异地就医直接结算

制度，取消本市转院或异地就医各项前置审核程序，将事前审核变为事中、事后监管。以异地就医备案为例，推行“不见面、零跑腿”异地就医备案服务，患者只须凭社保卡、身份证，到医保部门备案，或通过手机在异地就医微信公众号备案服务平台，自主办理相关手续。同时，还应建立打击欺诈骗保机制，严惩弄虚作假行为。

推进远程诊疗，促进医药分家。梁汉文建议，实施更便民服务，积极探索智慧医疗改革，推进电子处方、远程诊疗等与医保支付衔接。实现社保卡信息在江门地区医院看病信息共享，凭社保卡可以到江门市范围内任何一家定点药店刷卡取药，为市民提供实实在在的便利。

江门职业技术学院党委宣传部负责人詹雨鑫：
三个优化提升　增强群众办事获得感

“市医保局攻坚克难，推进‘一站式’结算的工作经验值得推广。”詹雨鑫认为，江门按时实现市域内医疗救助“一站式”结算，并在这一基础上全面实现异地就医医疗救助“一站式”结算，切实做到了为民解难题。

针对江门市医保局下一步的便民服务工作，詹雨鑫建议，可从三个方面进行改进，通过三个优化提升，增强群众办事获得感。

首先是进一步优化资料提交，提升服务效率。对于能利用信息系统查询到的要件，业务部门应不再将其列入须提供及留存的材料中，减少重复提交办事资料等情况。同时，相关部门可精简医保待遇申报材料，

观察团声音丨詹雨鑫：三个优化提升，增强群众办事获得感

记者 戴惠甜 2019-11-30 10:22

“市医保局攻坚克难，推进‘一站式’结算的工作经验值得推广。”29日，江门市“为民服务解难题·政务服务无堵点”观察团首站走进江门市医保局和江门市人民医院。观察团成员、江门职业技术学院副教授詹雨鑫认为，江门按时实现市域内医疗救助“一站式”结算，并在这一基础上全面实现异地就医医疗救助“一站式”结算，切实做到了为民解难题。

江门市“为民服务解难题·政务服务无堵点”观察团成员、江门职业技术学院副教授詹雨鑫。黄烨倩摄

2019年11月30日“南方+”客户端截屏

江门市"为民服务解难题·政务服务无堵点"观察团走进江门市人民医院，了解改革相关成效（黄烨倩摄）

减少一些支付申报证明，推广申报材料承诺制办理，实行申报材料"一单清"，切实优化群众的办事体验。

其次是进一步优化业务流程，提升服务质量。当前，由于医院与医保部门的系统未能进行充分完全的连接，群众办理部分事项仍须多次跑。比如，当医院的医保系统出现故障时，病人须到一门式窗口重复提交相同的资料，这成为群众办事的堵点。有关部门可改进相关业务流程，如遇上述情况，可由医院代替病人进行资料提交和申请，让"数据多跑路，群众少跑腿"。

最后是进一步优化办事指引，提升服务深度。有关部门可充分利用手机App等新技术手段，扩充更多医保服务功能，并加强医保办事指引。业务部门可用一图读懂、漫画等群众喜闻乐见的方式，梳理办事指南，制作成宣传板，发布最新医保工作动态、政策解读、办事指南和一次性告知等信息，悬挂在办事大厅显眼处。同时，可将群众经常咨询的政策和业务内容制作成海报，悬挂在医院、定点药店的显著位置。

第三章 “侨都之窗”自助终端打破政务服务时空限制

时间：2019年12月10日

地点：江海区外海街道银泉社区、江门市行政服务中心

2019年12月10日，江门市“为民服务解难题·政务服务无堵点”观察团第二期（第三站、第四站）走进江海区外海街道银泉社区和江门市行政服务中心，调研“侨都之窗”自助服务终端机的优化情况。在考察过程中，相关部门向观察团观察员介绍了“侨都之窗”与12345政府服务热线对接联动情况、市行政服务中心政务服务改革成效等。

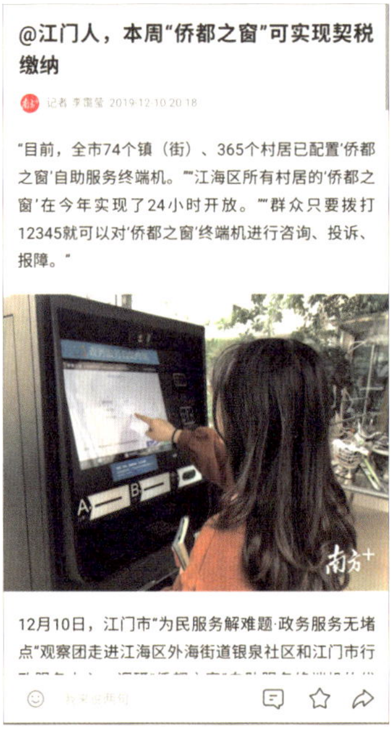

@江门人，本周“侨都之窗”可实现契税缴纳

“目前，全市74个镇（街）、365个村居已配置‘侨都之窗’自助服务终端机。”“江海区所有村居的‘侨都之窗’在今年实现了24小时开放。”“群众只要拨打12345就可以对‘侨都之窗’终端机进行咨询、投诉、报障。”

12月10日，江门市“为民服务解难题·政务服务无堵点“观察团走进江海区外海街道银泉社区和江门市行

2019年12月10日“南方+”客户端截屏

截至2020年9月，江门全市73个镇（街）、365个村（居）已配置652台“侨都之窗”自助服务终端机。其中，江海区所有村居的“侨都之窗”实现24小时开放。群众只要拨打12345热线就可以对“侨都之窗”自助服务终端机进行咨询、投诉、报障。到2020年9月，“侨都之窗”可办业务已增至123项。

第1节
服务便民："侨都之窗"累计办理近150万宗业务

2019年12月初，市民叶先生来到江门市行政服务中心办理住宅专项维修资金业务。在"侨都之窗"政务服务自助终端，找到"住房"栏目下的相关入口，刷身份证、插入银行卡、输入密码，简单三步之后，顺利完成了缴费手续，全程只花费1分钟。

数据显示，自2016年初"侨都之窗"落地上线运行以来，江门全市各区的自助终端机数量逐年增长，截至2020年9月，全市已经在73个镇（街）、365个村居配置了652台"侨都之窗"自助服务终端机，实现了政务服务"马上办、网上办、就近办、一次办"，打通群众办事的"最后一公里"，逐步建成市民身边的"15分钟政务服务圈"。截至2019年12月，"侨都之窗"累计办理近150万宗业务，实名认证用户近60万人。

AⅡ02 江门观察 关注 2019/12/17 星期二

"侨都之窗"自助终端打破政务服务时空限制

年底可办业务将增至85项

江门市"为民服务解难题·政务服务无堵点"观察团调研"侨都之窗"。

为民服务解难题 政务服务无堵点

近日，江门市"为民服务解难题·政务服务无堵点"观察团走进江海区外海街道银泉社区和江门市行政服务中心，调研"侨都之窗"自助服务终端机的优化情况。在考察过程中，相关部门向观察团成员介绍了"侨都之窗"与12345政府服务热线对接联动情况、市行政服务中心政务服务改革成效等。

目前，江门全市73个镇(街)、365个村居已配置"侨都之窗"自助服务终端机。其中，江海区所有村居的"侨都之窗"在今年实现了24小时开放。群众只要拨打12345就可以对"侨都之窗"终端机进行咨询、投诉、报障。到年底，"侨都之窗"可办业务将增至85项。

累计办理近150万宗业务

已设置83个24小时自助服务网点

观察团快评

江门市政协委员、江门市德山复合材料科技有限公司总工程师吴德山：

"侨都之窗"要做好三个"气"

吴德山。

江门职业技术学院副教授詹雨鑫：

"互联网+政务"关键看用户体验

詹雨鑫。

2019年12月17日《南方日报》AII02版报道截图

"让市民在家门口就能办事，是政务服务便民化的重要议题。"江门市政务服务数据管理局相关负责人举例说，以往60岁以上的老人每年都需要到人社部门进行养老

“侨都之窗”政务服务自助终端（李霭莹摄）

保险年审工作，这对于行动不便的长者来说是一个不小的麻烦。如今，他们只需要带上身份证，在村居社区的“侨都之窗”政务服务自助终端机上点击“养老年审记录查询”，就能在机器上进行人脸识别，完成年审手续。即使远在台山上、下川岛，岛民也可以在村委会的服务站里找到“侨都之窗”。“岛民出岛办事更不方便，在当地布局自助终端很有意义。”该负责人说。

“侨都之窗”政务服务自助终端的数量逐年增多，系统新上线的服务事项也越来越丰富。截至2020年9月，市民已经可以在“侨都之窗”上自助打印《社保参保证明》《公积金缴存证明》《不动产登记证明》《儿童预防接种报告》等证明材料，还可以自助办理交通违章罚款缴纳、住房公积金缴存、公交卡充值、长者卡申办和年审、个税清单打印等123项业务。

为了优化营商环境，推动江门积极融入粤港澳大湾区区域经济一体化发展进程，“侨都之窗”积极与湾区城市联动，打破城市间的政务信息壁垒。截至2019年12月，“侨都之窗”已经与广州、佛山、东莞、惠州、河源、梅州和清远等地市的政务自助终端进行了对接，实现跨城通办、互办服务。群众只需要在“侨都之窗”首页右上方点击切换地区，就能办理另外7个城市涉及交通、社保、纳税等板块的多项业务。以最早与江门实现政务服务跨城通办合作的佛山为例，如今，市民已经可以在江门600多台“侨都之窗”终端上办理68项佛山市级服务事项，也可以在佛山1000多台终端机上跨城通办51项江门市级服务事项，两地跨城办理业务量已超过2000笔。

第2节

全天开放：多处设置24小时自助服务网点

在江海区外海街道银泉社区，一台“侨都之窗”自助服务终端机被放置到24小时开放的玻璃屋里。2019年，江海完成了全区3个街道62个村（社区）“侨都之窗”的升级改造工作，自助终端机拥有了24小时对外开放的独立玻璃房，居民的办事时间不再受限。“5×8”小时政务服务转变成了“7×24”小时，使得上班一族可以在下班时间和假日同样享受到自助便民服务，大大提高了他们的体验感和获得感。

截至2019年，江门市共有83个24小时自助服务网点，覆盖了市、县、镇、村四级行政服务场所，以及商场、银行等人流密集的第三方场所。

全天候服务网点的建设，对设备运行的稳定性和系统的后勤服务提出了更高的要求。2019年12月1日，按照“统一接听、按责转办、限时办结、统

“侨都之窗”自助终端打破政务服务时空限制（戴惠甜摄）

一督办、统一考核”的要求，12345政府服务热线与“侨都之窗”完成了对接联动，建立起全市统一的“侨都之窗”自助服务终端机咨询、投诉、报障受理平台。

“过去的400热线只有两个接线员，市民报障遇到忙线是常有的事情。”在江门市行政服务中心2楼，数十名身穿橙色马甲的12345政府服务热线接线员正在接听群众的电话。江门市政务服务数据管理局相关负责人介绍，12345政府服务热线平台承诺，全市任意一台自助服务终端出现故障时，都能在1小时内得到响应，24小时内处理完毕。“我们在流程上设计了回复处理结果和满意度测评等环节，工作闭环的形成，确保每一通电话都能得到有效的反馈。”该负责人说。

此外，江门还在服务热线全天候在线护航的基础上，落实了一套高标准的工单办理时限要求。对于群众反映的报障情况，承办单位会在收到工单后1小时内响应。如果不能远程解决问题的，运维工程师将在2小时内到达中心区域，4小时内到达偏远区域，进行现场服务，并分别在4小时和8小时内完成终端修复工作。

第3节 观察团点评

江门市政协委员、江门市德山复合材料科技有限公司总工程师吴德山：“侨都之窗”要做好三个“气”

在了解到“侨都之窗”、12345热线、行政服务中心的运行情况后，吴德山提出，“侨都之窗”要做好三个“气”，使市民能够共享政务服务改革的成效。

加强宣传，更接地气。“侨都之窗”在江门已经铺设了600多个服务网点，覆盖了市、县、镇、村四级行政服务场所。然而，很多市民并不知道“侨都之窗”的分布情况，需要办事的时候也想不起“侨都之窗”这个便捷的方式。对此，吴德山认为，应该在报纸和网络上加大“侨都之窗”的宣传工作，使政务服务能够真正延伸到基层，尤其要方便村居群众。“要让他们知道有这么接地气的产品。”

提升服务，沉淀底气。对于部分市民来说，“侨都之窗”界面难用、经常死机曾是阻碍他们自助办事的一大障碍。如今，江门建立了全市统一的“侨都之窗”自助服务终端机咨询、投诉、报障受理平台，可以快速处理机器故障的问题。吴德山期待，12345热线能够成为提升“侨都之窗”服务水平的助推器，给群众更好的办事体验。除此以

观察团快评｜吴德山：“侨都之窗”要做好三个“气”

记者 李雁莹 2019-12-10 21:22

12月10日上午，江门市“为民服务解难题·政务服务无堵点”观察团深入调研“侨都之窗”自助服务终端机的运行情况。在了解到“侨都之窗”、12345热线、行政服务中心的运行情况后，江门市政协委员、江门市德山复合材料科技有限公司总工程师吴德山提出，下一阶段，“侨都之窗”要做好三个“气”，使市民能够共享政务服务改革的成效。

吴德山

2019年12月10日“南方+”客户端截屏

外，有关部门也应该投入更多的人力物力财力，不断完善“侨都之窗”的配套服务。

终端落地，聚集人气。目前，江门除了在行政服务场所铺设“侨都之窗”以外，还在商场、银行等人流密集的第三方场所有所布局。吴德山认为，工业园区和创业园区也是人流密集、值得铺设“侨都之窗”的场所。“优质的政府服务会成为园区吸引外来人口的重要拉力，这对江门的经济发展将会有深刻且积极的影响。”

江门职业技术学院党委宣传部负责人詹雨鑫：“互联网+政务”关键看用户体验

在“为民服务解难题·政务服务无堵点”观察团第二站走访中，一名办事群众向观察员吐槽了一件烦心事。其最近按揭购买二手房，银行要求提供其名下蓬江、江海、新会三区住房套数证明（即“查册”）。第一趟，其在江门行政服务中心“侨都之窗”自助打印证明，拿去银行却不被认可。因其户口簿上有个曾用名，要求补充查册。第二趟，其来到“侨都之窗”，发现不支持曾用名查册，只能窗口受理。但窗口曾用名查册只能查蓬江、江海的，新会无法查询。第三趟，其不得已赶去新会，在相关窗口不用1分钟查完、盖章，但往来路程、拿号轮候花了两个多小时。

上述案例凸显了“数据多跑路，群众少跑腿”的现实意义，这给我们一些启发：“侨都之窗”的逻辑起点应是满足用户需求。不支持曾用名查册，可解释为小众需求

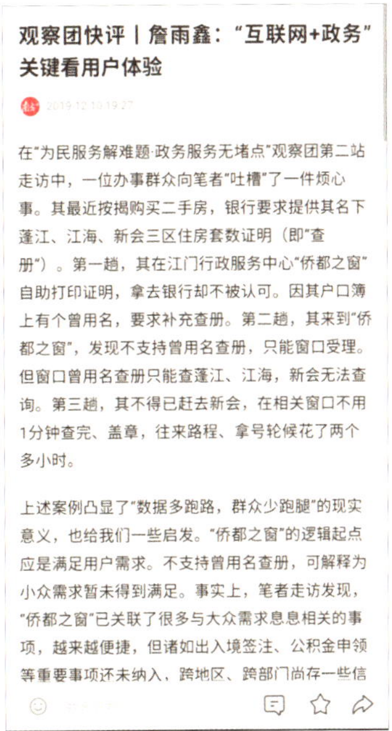
观察团快评丨詹雨鑫：“互联网+政务”关键看用户体验

在“为民服务解难题·政务服务无堵点”观察团第二站走访中，一位办事群众向笔者“吐槽”了一件烦心事。其最近按揭购买二手房，银行要求提供其名下蓬江、江海、新会三区住房套数证明（即“查册”）。第一趟，其在江门行政服务中心“侨都之窗”自助打印证明，拿去银行却不被认可。因其户口簿上有个曾用名，要求补充查册。第二趟，其来到“侨都之窗”，发现不支持曾用名查册，只能窗口受理。但窗口曾用名查册只能查蓬江、江海，新会无法查询。第三趟，其不得已赶去新会，在相关窗口不用1分钟查完、盖章，往来路程、拿号轮候花了两个多小时。

上述案例凸显了“数据多跑路，群众少跑腿”的现实意义，也给我们一些启发。“侨都之窗”的逻辑起点应是满足用户需求。不支持曾用名查册，可解释为小众需求暂未得到满足。事实上，笔者走访发现，“侨都之窗”已关联了很多与大众需求息息相关的事项，越来越便捷，但诸如出入境签注、公积金申领等重要事项还未纳入，跨地区、跨部门尚存一些信

2019年12月10日“南方+”客户端截屏

暂未得到满足。事实上，笔者走访发现，“侨都之窗”虽然已关联了很多与大众需求息息相关的事项，越来越便捷，但诸如出入境签注、公积金申领等重要事项还未纳入，跨地区、跨部门尚存一些信息孤岛、技术壁垒有待破解。

伴随经济社会快速转型发展，“互联网+政务”不仅是将互联网技术嵌入政务服务之中，而且是政府治理深刻转型、全面革新的重大机遇，“坚持以人民为中心”，在服务理念、方式、效率方面改革创新。

江门“互联网+政务”改革亮点很多，一些创新在全国都有示范意义。但改革无止境，只要用户有需求，服务就必须有进步。这需要政府创新开展“场景化”用户调研，以需求为导向，部门之间形成合力，内部再造流程，破除信息孤岛，实现全面集约，广泛宣传推广，一网通办、一机通办、一窗通办、一次通办，尽最大可能，让用户从“少跑腿”直至“不跑腿”“不见面”，获得最佳用户体验，这才是最有价值的“江门经验”。

第四章 “好差评”系统落地江门平均分全省第三

时间：2019年12月19日

地点：江门市行政服务中心、江门市政务服务数据管理局

2019年12月19日，江门市“为民服务解难题·政务服务无堵点”观察团开展了第三期（第五站、第六站）考察活动。观察团来到江门市行政服务中心和江门市政务服务数据管理局，深入了解不动产登记集成水电气服务、微信小程序“粤省事”、政务服务“好差评”系统的改革成效。

2019年12月，江门市行政服务中心商品房居民类水电气过户业务已经实现“一窗受理”，群众办理不动产交易登记业务全链条“只跑一次”。自2019年8月“好差评”系统在江门实施以来，截至当年12月，已收到12万条政务服务评价数据，评价平均分位列全省第三。2019年，江门还在微信小程序“粤省事”中注入侨乡元素，增设了侨胞求助、寻亲寻根等侨胞服务，为旅居国外的侨胞提供贴心、便捷的求助途径。

截至目前，江门政务服务评价均分位列全省第三

12月19日上午，江门市“为民服务解难题·政务服务无堵点”观察团开展第三期考察活动。成员们来到江门市行政服务中心和江门市政务服务数据管理局，深入了解了不动产登记集成水电气服务、微信小程序“粤省事”、政务服务“好差评”制度的改革成效。

观察团了解水电气过户办理流程

水电气业务四窗合一

“改革前，群众办理商品房交易登记和后续的水电气过户，需取4次号、跑4个窗口、排4次队。”在江门市行政服务中心四楼的不动产交易登记综合窗口，

2019年12月21日“南方+”客户端现场直播截屏

第1节

只跑一次：水电气业务“一窗受理”

在江门市行政服务中心四楼的不动产交易登记综合窗口，不少群众正在办理过户业务。

“改革前，群众办理商品房交易登记和后续的水电气过户，要取4次号、跑4个窗口、排4次队。”该中心相关负责人介绍，从2019年11月15日起，商品房居民类水电气过户业务被纳入不动产综合服务窗口进行“一窗受理”，实现群众办理不动产交易登记业务全链条“只跑一次”。

除了让群众少跑腿，江门市行政服务中心还通过数据共享和表单整合，实现了一张银行卡通办水电气过户业务，办事所需资料大幅减少90%。截至2019年12月，该窗口共受理并完成水、电、燃气过户业务37宗。

AⅡ02 江门观察 重点 2019年12月24日 星期二

政务服务“好差评”系统落地江门运行4个月

获评价数据12万条 平均分全省第三

为民服务解难题 政务服务无堵点

近日，江门市“为民服务解难题·政务服务无堵点”观察团开展了第三期考察活动，观察团来到江门市行政服务中心和江门市政务服务数据管理局，深入了解不动产登记集成水电气服务、微信小程序“粤省事”、政务服务“好差评”系统的改革成效。

目前，江门市行政服务中心商品房居民类水电气过户业务已经实现“一窗受理”，群众办理不动产交易登记业务全链条“只跑一次”。自今年8月“好差评”系统在江门实施以来，共收到12万条政务服务评价数据，评价平均分位列全省第三。今年，江门还在微信小程序“粤省事”中注入侨乡元素，增设了侨胞求助、寻亲寻根等侨胞服务，为旅居国外的侨胞提供贴心、便捷的求助途径。

采写：南方日报见习记者 李雪萱
摄影：南方日报记者 翟声朋

江门市“为民服务解难题·政务服务无堵点”观察团考察水电气过户业务。

水电气业务四窗合一

服务评价实时均分7.5

“粤省事”注入侨乡元素

江门市人大代表、蓬江区芝山五金工艺制品有限公司总经理罗达全
开辟多渠道收集市民意见

江门市人大代表、江门市房产建筑设计院有限公司董事长梁汉文
“好差评”系统要形成良性互动机制

江门职业技术学院副教授詹雨鑫：
差评比好评更重要

江门市政协委员、江门市德山复合材料科技有限公司总工程师吴德山：
要把基层服务质量摆在第一位

2019年12月24日《南方日报》AⅡ02版报道截图

中心相关负责人介绍，在不动产交易登记综合窗口办理好水电气过户手续后，群众可以直接在微信小程序“粤省事”上办理与供电相

关的事项，包括查询、缴费等。“我们在2019年12月31日前，完成与各市区供水企业及华润燃气有限公司的欠费查询接口对接，将水电气欠费查询业务推广到三区四市。”

第2节
及时响应："好差评"服务评价实时平均分7.5

2019年8月，"好差评"系统省试点在江门全面实施推广。市民在窗口办完事后，可以直接通过桌面的平台设备对工作人员的服务进行评价，在"非常满意""满意""基本满意""不满意""非常不满意"5个评分等级中做出选择。"如果群众选择了'不满意'或'非常不满意'，还需要填写具体的差评原因。"江门市行政服务中心相关负责人介绍，具体意见的收集有利于后续服务整改的落实。

每个服务窗口放置的"好差评"系统将实时对接"广东政务服务网"官网，用户在什么时间办理了什么业务，给出了什么评价，都一目了然。观察团走访当日，官网显示江门政务服务当月办件数为3.4万条，全市服务评价实时平均分为7.5分。

江门市"为民服务解难题·政务服务无堵点"观察团考察"好差评"系统（戴惠甜摄）

“及时了解、响应企业和群众服务需求，才能持续提升服务质量和效率，形成更好服务企业和群众的良性互动机制。”江门市政务服务数据管理局相关负责人说。截至2019年12月16日，江门共收到12万条政务服务评价数据，评价平均分位列全省第三。

第3节

地方特色：“粤省事”注入侨乡元素

江门市“为民服务解难题·政务服务无堵点”观察团第六站来到江门市政务服务数据管理局，了解微信小程序“粤省事”的运营情况。数据显示，截至2020年9月，“粤省事”已有749项事项对江门市民开放，将近239万名江门实名用户可以通过手机完成422项办理类事项和327项查询类事项。

值得一提的是，江门还在“粤省事”中注入了侨乡元素。2019年12月13日，“粤省事·江门侨乡游”正式上线，该区汇集了侨乡旅游、美食、民俗等旅游信息，面向全省展现“中国侨都”魅力。江门市政务服务数据管理局相关负责人介绍，2019年12月19日，江门在“粤省事”的“粤港澳大湾区服务专区”增设了侨胞求助、寻亲寻根等侨胞服务，为旅居国外的侨胞提供贴心、便捷的求助途径，开拓了侨乡服务的新领域。

江门市“为民服务解难题·政务服务无堵点”观察团考察“好差评”系统（戴惠甜摄）

第4节
观察团点评

江门市人大代表、蓬江区芝山五金工艺制品有限公司总经理罗达全：
开辟多渠道收集市民意见

“其实，市民一直都有反馈意见的渠道。‘好差评’系统则像是升级版的意见箱。”罗达全认为，这种电子化的意见反馈渠道有两个明显优势。

首先，在“意见箱年代”，市民通过手写表单进行投诉，可能会面临窗口工作人员“秋后算账”的报复性行为。但如今，群众可以在办事窗口的“好差评”系统直接打分，平板设备屏幕背对着窗口工作人员，有效降低了群众反馈意见时的心理压力。

其次，数字化的“好差评”系统每5分钟就会上传一次数据到广东省政务服务网，并对所有差评进行跟踪反馈，能够有效利用群众给出的每一条意见，监督相关单位落实便民服务整改的效果。

对于群众反馈的渠道，罗达全认为，微信小程序“粤省事”和12345政府服务热线应该发挥收集市民意见的作用。“我们可以在小程序上开辟一个投诉入口，让市民随时拍照上传城市‘堵点’。”他认为，办事排队时间长、餐馆不开发票等民生问题都可以纳入反馈系统的处理范畴。“开辟更多收集市民意见的渠道，让市民成为助推城市品质提升的参与者和建设者。”

2019年12月21日“南方+”客户端现场直播截屏

江门市人大代表、江门市房产建筑设计院有限公司董事长梁汉文：“好差评”系统要形成良性互动机制

民生无小事，政府多关注。针对供水、供电、供气业务未能与政务服务一体化平台对接，市民报装办理环节多、办理时间长的问题，江门千方百计提升政务服务水平，努力打通便民政务服务“最后一公里”，目前已实现水电气综合窗口集中受理。与此同时，江门还形成了一套与企业、群众良性互动的“好差评”系统，激励各部门努力提升服务质量和效率，值得点赞！

对于水电气业务办理和“好差评”系统，梁汉文提出两点希望：

第一，数据上云，一网办理。江门应加快政务服务一体化平台与水电气业务系统、不动产交易综合受理系统数据对接，实现数据共享交换，争取早日统一录入广东省政务服务网，实现全省范围内线上线下统一标准服务，让“群众少跑腿”。

第二，加强互动，提升服务。推动“好差评”系统在江门实现全覆盖，并加大宣传力度，引导办事群众参与政务服务“好差评”，政府及时了解、响应企业和群众服务需求，持续提升服务质量和效率，形成更好服务企业和群众的良性互动机制。

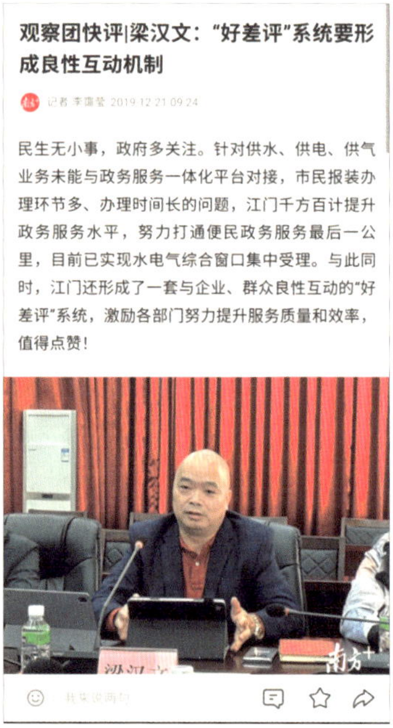
观察团快评|梁汉文：“好差评”系统要形成良性互动机制

记者 李露莹 2019-12-21 09:24

民生无小事，政府多关注。针对供水、供电、供气业务未能与政务服务一体化平台对接，市民报装办理环节多、办理时间长的问题，江门千方百计提升政务服务水平，努力打通便民政务服务最后一公里，目前已实现水电气综合窗口集中受理。与此同时，江门还形成了一套与企业、群众良性互动的“好差评”系统，激励各部门努力提升服务质量和效率，值得点赞！

2019年12月21日“南方+”客户端现场直播截屏

江门职业技术学院党委宣传部负责人詹雨鑫：
差评比好评更重要

“好评不重要，差评才重要。”詹雨鑫围绕政务服务“好差评”制度、微信小程序“粤省事”、水电气服务窗口作出了点评。

从2019年8月运行至今，“好差评”系统已经收到了不少江门市民的反馈，如何令这些信息发挥应有的监督作用，显得尤为关键。詹雨鑫认为，相关服务部门要认真梳理群众的差评理由，通过回访机制将整改落实到位。“我建议做一个红黑榜，对各个服务单位或窗口服务人员进行排名，并将结果公布在行政服务大厅的显眼位置。”他说，这不仅可以有效提高服务人员的素质，还能充分激发群众参与“好差评”评价的热情。

“如果不是参加观察团活动，我都不知道‘粤省事’可以办理这么多项业务。”詹雨鑫说，目前政府服务信息公开和推广工作仍然有所欠缺。下一步，有关部门可以通过线上媒体宣传、线下地推活动等多种形式，引导群众使用“粤省事”办事，提高群众对“粤省事”的知晓率和使用率。

对于水电气业务窗口四合一的改革，詹雨鑫设想，可以将相关业务转移至银行网点办理。这不仅能够减轻行政服务中心窗口的业务压力，还能将遍布全市的银行网点利用起来，实现群众办事“就近办”。

观察团快评｜詹雨鑫：差评比好评更重要

“好评不重要，差评才重要。”近日，江门职业技术学院副教授詹雨鑫参加了第三期“为民服务解难题·政务服务无堵点”观察团活动。在座谈会上，他围绕政务服务“好差评”制度、微信小程序“粤省事”、水电气服务窗口作出了点评。

2019年12月21日“南方+”客户端现场直播截屏

江门市政协委员、江门市德山复合材料科技有限公司总工程师吴德山：**要把基层服务质量摆在第一位**

吴德山结合自身经历，对下一步“堵点清零”工作提出了几点建议：

基层服务质量要摆在第一位。“窗口工作人员直接服务市民，他们的办事能力和水平直接影响到市民对政务服务的评价。”吴德山指出，要提高一线窗口工作人员的服务意识，定期组织业务能力培训，给市民更优质的办事体验。

观察团快评 | 吴德山：要把基层服务质量摆在第一位

近日，江门市政协委员、江门市德山复合材料科技有限公司总工程师吴德山参加了第三期“为民服务解难题·政务服务无堵点”观察团活动。实地考察了行政服务中心后，他结合自身经历，对下一步“堵点清零”工作提出了四点建议：

基层服务质量要摆在第一位。“窗口工作人员直接服务市民，他们的办事能力和水平直接影响到市民对政务服务的评价。”吴德山指出，要提高一线窗口工作人员的服务意识，定期组织业务能力培训，给市民更优质的办事体验。

2019年12月10日“南方+”客户端截屏

加强终端数据互联互通。目前，水电气过户材料的简化主要得益于工作人员的二次录入。吴德山建议，加快推进终端各部门的数据共享，在便利群众办事的同时，减轻一线服务人员的工作压力。

加大优惠信息的宣传力度。为营造良好的营商环境，江门近年来推出了不少针对企业的优惠政策。吴德山建议，应该主动引导企业关注优惠政策，在行政服务中心等场所加大优惠信息的宣传力度，如用电高峰时段和低谷时段的价格差异，投资优惠政策，等等。做好窗口业务以外的配套工作，助力营商环境的优化。

第五章 持续深化“放管服”改革 提升便民利民服务水平

时间：2019年12月31日

地点：江门市卫生健康局、蓬江区法人一门式服务中心

2019年12月31日，江门市“为民服务解难题·政务服务无堵点”观察团开展了第四期（第七站、第八站）考察活动。观察团来到江门市卫生健康局和蓬江区法人一门式服务中心，深入了解了江门医疗卫生许可、公共场所卫生许可改革进展成效，为江门市下一步推动深化医药卫生体制改革工作提出建议。

2019年以来，江门市卫健局持续深化“放管服”改革，全面提升便民利民服务水平。目前，江门市二级及以下医疗机构办理医疗卫生许可已实现“两证合一”，取消《设置医疗机构批准书》的审批；在公共场所卫生许可方面，江门市取消公共场所预防性卫生审查和竣工验收环节，实施卫生许可告知承诺制。

同时，在江门市卫生健康局申请办理的政务服务事项中，“马上办”事项比达65.52%，“网上办”事项比达96.55%，“就近办”事项比达97.67%，“一次办”事项比

“为民服务解难题·政务服务无堵点”观察团走进江门市卫健局

12月31日，江门市“为民服务解难题·政务服务无堵点”观察团第四期走进江门市卫生健康局和蓬江区法人一门式服务中心。在江门市卫健局，观察团成员了解了江门在医疗卫生许可、公共场所卫生许可改革进展成效，调研当前工作存在的难题，为江门市下一步推动深化医药卫生体制改革工作提出建议。

在蓬江区法人一门式服务中心，观察团成员了解了

2019年12月31日“南方+”客户端截屏

达96.55%，所有涉及群众个人事务的行政许可事项均已进驻市行政服务中心办理，并实现了“网上办”“一次办”和“就近办”。

第1节 当天办结：2019年发出“承诺制”证件1714个

“二级以下医疗机构已经实现设置审批与执业登记‘两证合一’！也就是说，新申办的市局审批权限内二级及以下医疗机构，不再核发《设置医疗机构批准书》，申请人可直接申请执业登记。”江门市卫生健康局医政科负责人梁锐明介绍。

对此，江门市卫生健康局制定了《市管权限内医疗机构（“两证合一”）执业登记服务指南》，及时更新完善相关事项服务指南和办事流程。申请人在申请执业登记前，可根据服务指南合理筹备医疗机构的选址布局、功能定位、服务方式、诊疗科目、人员设备、床位数量、设备设施

江门市“为民服务解难题·政务服务无堵点”观察团到江门市卫生健康局深入了解江门在医疗卫生许可、公共场所卫生许可改革进展成效（张泳渝摄）

等事项，筹备完成后，按照程序申请执业登记。

“两证合一”不仅简化了审批流程，还大大压缩群众办事时间。“两证合一”审批时间从原来25个工作日缩短至10个工作日，申请需要递交的材料减少一半。

此外，江门市还取消对社会办医的类别、规模、数量和地点的限制，对中医诊所以及养老机构内设医疗机构改为备案管理，使群众的办医环境更加宽松。政策实施后，相关业务的群众咨询数量明显提升。江门各区（市）均有受理相关申请。

在公共场所卫生许可方面，江门市取消公共场所预防性卫生审查和竣工验收环节，实施卫生许可告知承诺制，使审批事项办理时间大大缩短，从原来20个工作日缩短至当场或一天内办结。除大规模或高风险场所，群众办证基本不再需要提交卫生监测报告，改由“双随机”执法监测工作代替。

“以平均一个申办事项1200元的检测费用计算，2019年我们共发出“承诺制”证件1714个，合计减轻群众的经济负担206万元。”江门市卫生健康局政法科副科长黄永均介绍。

第2节
强化监督：对1366家单位进行“双随机”抽检

在原有行政审批事项“放”和“减”之后，江门市卫生健康局主动强化监管意识，防止因改革而出现监管盲区与真空地带。在作出准予许可的决定后两个月内，有关部门开展回访检查，对申请人履行承诺情况进行核查，发现问题及时处理。

在日常监管方面，卫生健康部门通过做好审批和监管的有效衔接，实现“宽进严管”，利用专项检查、专项整治、事后评估评价、执法案件评审等方法，进一步完善常态化监管机制。

据统计，2020年江门市卫生健康局开展“双随机一公开”抽检制度，合理确定随机抽查比例和频次，截至9月共抽检1438宗，共办理行政处罚案件49宗，罚款38400元，并及时向社会公开抽查及处理结果，有效维护市场秩序。

AII03 江门观察 重点 2020/01/07 星期二 南方日报

江门卫健局持续深化“放管服”改革，全面提升便民利民服务水平

去年承诺制改革减轻群众负担206万元

为民服务解难题 政务服务无堵点

近日，江门市“为民服务解难题·政务服务无堵点”观察团开展了第四期考察活动，观察团来到江门市卫生健康局和蓬江区法人一门式服务中心，深入了解了江门在医疗卫生许可、公共场所卫生许可改革进展成效，为江门市下一步推动深化医药卫生体制改革工作提出建议。

去年以来，江门卫健局持续深化“放管服”改革，全面提升便民利民服务水平。目前，江门市二级及以下医疗机构办理医疗卫生许可已实现“两证合一”，取消《设置医疗机构批准书》的审批；在公共场所卫生许可方面，江门市取消公共场所预防性卫生审查和竣工验收环节，实施卫生许可告知承诺制。

同时，在江门市卫生健康局申请办理的政务服务事项中，“马上办”事项比率达65.52%，“网上办”事项比率达96.55%，“就近办”事项比率达97.67%，“一次办”事项比率达96.55%，所有涉及群众个人事务的行政许可事项均已进驻市行政服务中心办理，并实现了“网上办”“一次办”和“就近办”。

●南方日报记者 张泳瑜 通讯员 黄永均 梁雪莹

江门市“为民服务解难题·政务服务无堵点”观察团开展第四期考察活动。

去年发出“承诺制”证件1714个

对1366家单位进行“双随机”抽检

力争上半年实现计生证明全流程网办

■观察团快评

实施告知承诺制 步子可以再大些

2020年1月7日《南方日报》AII03版报道截图

下一步，卫生健康部门将加强对重点行业的监管，针对不同风险等级、信用水平的检查对象采取差异化分类监管措施，作为“双随机”监督检查的有效补充。同时，强化信用监管，将监督检查结果纳入审批对象的社会信用记录，积极探索建立健全信用分类、分级监管机制，实行分级动态监管，让监管对象“一处违法、处处受限”。

“我们还将拓宽社会监督渠道，畅通公众举报途径，完善投诉受理和督办机制，引导社会力量依法依规参与监督。”江门市卫生健康局政法科科长程适介绍。

第3节
能简则简：力争实现计生证明全流程网办

截至2020年9月，江门市卫生健康局依申请办理的政务服务事项共87项，其中行政许可事项70项，行政确认事项9项，公共服务事项2项，其他行政权力事项6项，所有事项均实现全流程网办。为进一步方便市民办事，提升审批服务效能，江门通过“粤省事”微信小程序开发了《计划生育情况证明》线上申请功能，并于2020年5月30日起在蓬江区白沙街道农林社区、永盛社区和象山社区等三个社区试运行。广东省内户籍市民可以通过“粤省事”微信小程序提出办理《计划生育情况证明》申请，无须多部门

江门市“为民服务解难题·政务服务无堵点”观察团到蓬江区法人一门式服务中心，深入了解江门在医疗卫生许可、公共场所卫生许可改革进展成效（张泳渝摄）

来回办理、重复提供身份和户籍证明材料，实现政务服务事项的“指尖”办理，为市民提供更优质、高效的政务服务。

在蓬江区法人一门式服务中心，群众需要办理卫生健康事项，只须在叫号机上取号，并在咨询服务台上确认审批材料是否齐全，就可以在综合窗口办理有关事项。

“在服务中心的一体机上，群众可以根据情景选择所需事项，打印或直接填写办理有关材料。”蓬江区法人一门式服务中心工作人员覃熠敏在一体机前展示。

通过政务服务事项标准化梳理，卫生健康部门向群众公开办事责任主体、条件、标准范围、办理时限、相对人权利、举报途径等信息，实现事项目录、实施清单标准统一、动态监管，同步配置于在线政务服务平台，及时做好信息公开，方便群众查询。

卫生健康政务服务的优化，得到了广大群众的认可，行政服务中心卫生健康窗口保持16年零投诉。江门市卫生健康局曾开展“放管服”改革专项调研，其间共向各市（区）办事群众发出调查问卷150份，群众满意度达100%。

近年来，江门市推进政务服务事项下镇街，打通便民服务“最后一公里”，将城镇、农村计划生育家庭奖扶等基层办理高频公共服务事项进驻镇街行政服务中心，让群众享受更便捷的服务。

下一步，卫生健康部门将开展基层证明清理工作，将没有法律法规依据的证明事项该“清”的彻底清除，并充分利用互联网手段，减少群众的办事跑动。“在计生证明方面，我们力争实现全流程网办。”

同时，卫生健康部门继续推进政务服务事项下沉基层，按照“能放则放”的原则，梳理出全市统一延伸至镇（街）、村（居）的政务服务事项清单，统一下沉事项的受理条件、申请材料和审批服务形式，让群众能在家门口办事。

第4节 观察团点评

江门职业技术学院党委宣传部负责人詹雨鑫：

实施告知承诺制步子可以再大些

在江门市“为民服务解难题·政务服务无堵点”观察团走访活动中，观察员发现，江门卫健部门在深化“放管服”改革中做了不少创新，取得一定成效。其中，在简政放权方面，简化审批流程，实施公共场所卫生许可告知承诺制，审批事项办理时间从原来20个工作日缩短至当场或一天内办结。

江门市“为民服务解难题·政务服务无堵点”观察团到蓬江区法人一门式服务中心，深入了解相关改革进展成效（张泳渝摄）

数据显示，2019年该部门发出"承诺制"证件1700余个，减轻群众经济负担超过200万元，社会反响良好。

告知承诺制将原先的形式审查与实质审查并行，改为形式审查单行，简化许可程序、缩短许可时间、提升许可效率，是政府简政的创新举措，群众得到实实在在的便利与实惠。但"简政"不等于"减政"，"宽进"还要"严管"。卫健部门在实施告知承诺制的同时，强化监管意识，防止真空地带，包括核查履行承诺情况、"双随机一公开"抽检、事后评估评价等常态化监管，把告知承诺制前端的办事便利留给群众，把后端的监管压力留给自己。

在适用条件满足、操作程序恰当、事后监管到位的前提下，江门实施告知承诺制的步子可以再大些。可在更多部门、更多事项、更大范围探索推广。"重事前审查"移向"重事后监督"，更加高效、透明，既是优化投资环境、激发市场活力的需要，也是党的十九大倡导的"深化简政放权，创新监管方式，增强政府公信力和执行力，建设人民满意的服务型政府"的重要目标。

告知承诺制中的"告知方"与"承诺方"是需要依法行政、守法经营的一对法律关系，实施好告知承诺制对江门建设符合市场经济要求的法治政府、诚信社会有促进作用。实施过程中，还应重视媒体力量的运用，把握舆论导向，强化舆论监督，提高责任意识，引导诚实守信，通过媒体助力，推动审批服务更加简单、更加快捷。

第六章 百项政务服务进银行网点

时间： 2020年4月20日

地点： 中国工商银行江门分行、江门市量子高科生物股份有限公司

2020年4月20日，江门市“为民服务解难题·政务服务无堵点”观察团开展第五期（第九站、第十站）考察活动。

观察团观察员首先来到中国工商银行江门分行（简称“工行江门分行”），调研政务服务进银行的最新进展。“在工行江门分行营业部的智

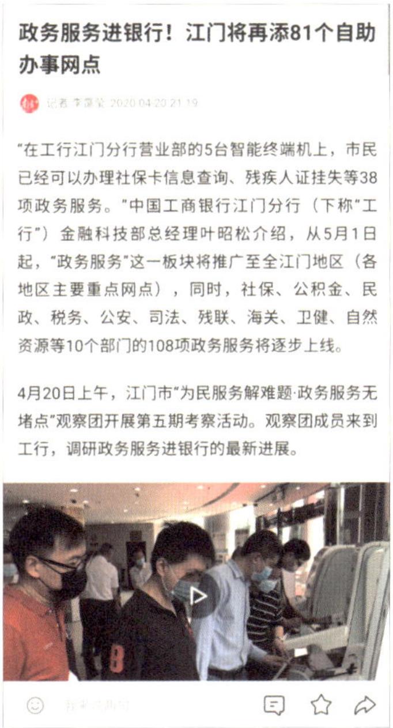

政务服务进银行！江门将再添81个自助办事网点

2020-04-20 21:19

“在工行江门分行营业部的5台智能终端机上，市民已经可以办理社保卡信息查询、残疾人证挂失等38项政务服务。”中国工商银行江门分行（下称“工行”）金融科技部总经理叶昭松介绍，从5月1日起，“政务服务”这一板块将推广至全江门地区（各地区主要重点网点），同时，社保、公积金、民政、税务、公安、司法、残联、海关、卫健、自然资源等10个部门的108项政务服务将逐步上线。

4月20日上午，江门市“为民服务解难题·政务服务无堵点”观察团开展第五期考察活动。观察团成员来到工行，调研政务服务进银行的最新进展。

2020年4月20日“南方+”客户端截屏

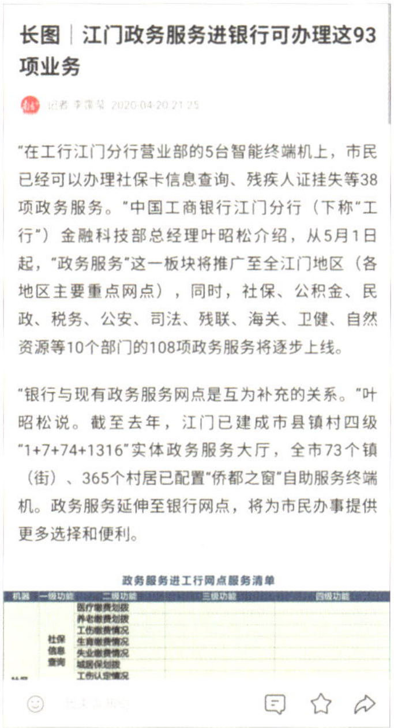

长图｜江门政务服务进银行可办理这93项业务

2020-04-20 21:25

“在工行江门分行营业部的5台智能终端机上，市民已经可以办理社保卡信息查询、残疾人证挂失等38项政务服务。”中国工商银行江门分行（下称“工行”）金融科技部总经理叶昭松介绍，从5月1日起，“政务服务”这一板块将推广至全江门地区（各地区主要重点网点），同时，社保、公积金、民政、税务、公安、司法、残联、海关、卫健、自然资源等10个部门的108项政务服务将逐步上线。

“银行与现有政务服务网点是互为补充的关系。”叶昭松说。截至去年，江门已建成市县镇村四级“1+7+74+1316”实体政务服务大厅，全市73个镇（街）、365个村居已配置“侨都之窗”自助服务终端机。政务服务延伸至银行网点，将为市民办事提供更多选择和便利。

政务服务进工行网点服务清单

机器	一级功能	二级功能	三级功能	四级功能
	社保信息查询	医疗缴费划拨		
		养老缴费划拨		
		工伤缴费情况		
		生育缴费情况		
		失业缴费情况		
		城居保划拨		
		工伤认定情况		

2020年4月20日“南方+”客户端截屏

能设备上，市民可以办理社保卡信息查询、残疾人证挂失等政务服务。”该行金融科技部总经理叶昭松介绍，目前通过该行全渠道可办理93项政务服务，这个数字未来还会继续增加。

从2019年第四季度开始，该行在江门市政务服务数据管理局的指导下，开展了“百项政务服务进银行网点”工作，将政务服务引入全市81个工行网点共300台智能终端机里。在已有的16项本地特色类功能基础上，工行智能设备新增“政务服务”板块，进一步织密市民政务服务“就近办”的线下网络。

第1节
网点遍布：群众家门口的政务大厅

“这是一次全新的尝试。”该行行长刘勇感慨，工行在江门各市区布局有81个网点，政务服务进银行利用了现有的银行资源，将百余项政务服务引入到金融服务场景中，使银行成为市民与政务服务连接的桥梁。

AⅡ02 江门观察 重点 2020/04/23 星期四

江门将政务服务引入81个工行网点、300台智能终端机

108项政务服务可在银行办

为民服务解难题 政务服务无堵点

4月下旬，江门市“为民服务解难题·政务服务无堵点”观察团开展第五期考察活动。观察团成员来到中国工商银行江门分行（下称“工行”），调研政务服务进银行的最新进展。“在工行江门分行营业部的智能设备上，市民可以办理社保卡信息查询、残疾人证挂失等政务服务。”工行金融科技部总经理叶昭松介绍，目前通过该行全渠道可办理93项政务服务，这个数字未来还会继续增加。

从去年四季度开始，工行在江门市政务服务数据管理局的指导下，开展了“百项政务服务进银行网点”工作，将政务服务引入全市81个工行网点、共300台智能终端机里。在已有的16项本地特色类功能基础上，工行智能设备新增投产“政务服务”板块，进一步织密市民政务服务“就近办”的线下网络。

南方日报记者 李霭莹

江门市“为民服务解难题·政务服务无堵点”观察团调研政务服务进银行的最新进展。 南方日报记者 李霭莹 摄

家门口的政务大厅

观察团快评

江门市人大代表、江门市房产建筑设计院有限公司董事长梁汉文：

“数字政府”展实力 战疫复产立新功

江门职业技术学院副教授詹雨鑫：

政务服务进银行开了一个好头

江门市人大代表、蓬江区芝山五金工艺制品有限公司总经理罗达全：

政务服务“银行办”能提高老年人的体验

江门市政协委员、江门市德山复合材料科技有限公司总工程师吴德山：

政务+金融具有激活经济的潜力

江门市弥敦家具有限公司总经理林志勇：

24小时办事既省时又省事

2020年4月23日《南方日报》AII02版报道截图

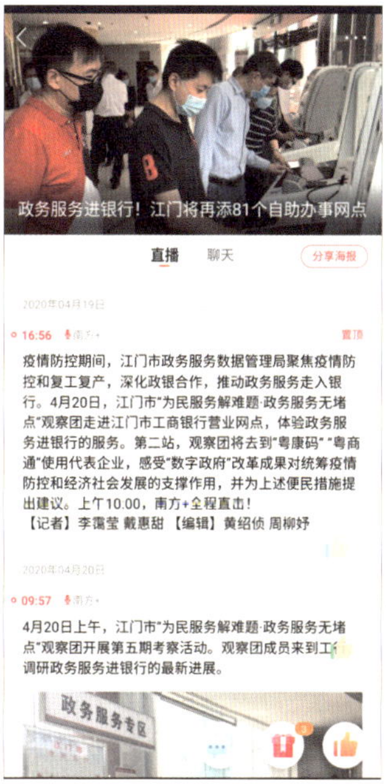

2020年4月20日“南方+”客户端现场直播截屏

观察团观察员反馈政务服务进银行的使用体验和建议（李霭莹摄）

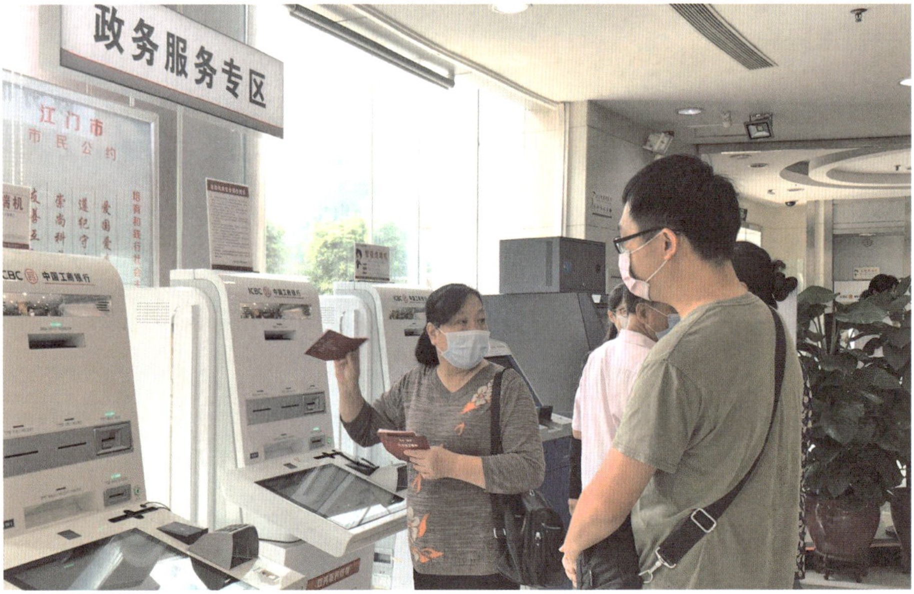

在工行智能终端机办事的市民（李霭莹摄）

对于政府来说，银行场景的开拓节省了铺设政务服务网点的成本；对于市民来说，他们可以就近在家门口的银行网点办理政务服务；对于银行来说，智能设备的使用率大大提升，也为银行推广金融服务提供了更丰富的客

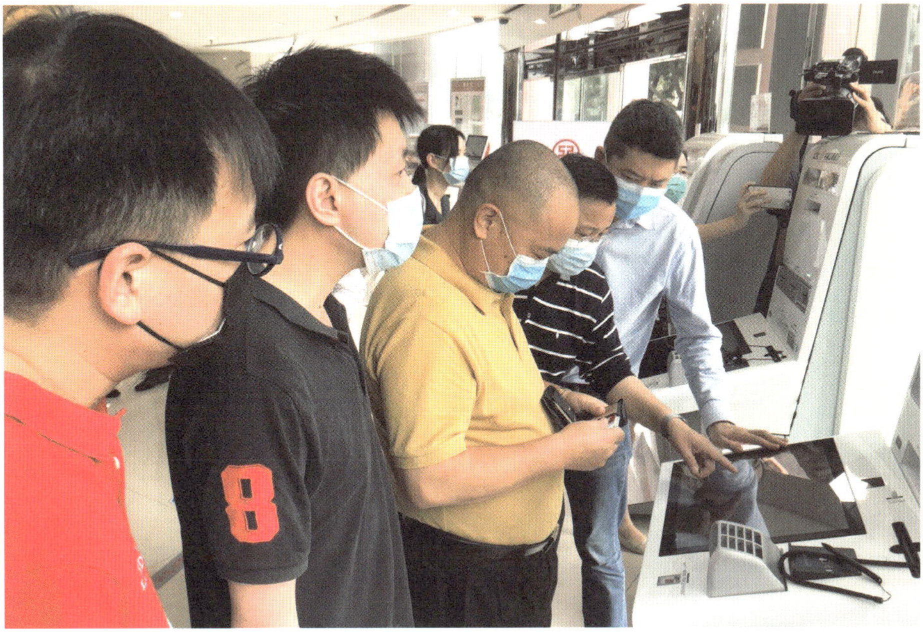
观察团观察员体验政务服务进银行（李霭莹摄）

户资源。刘勇说："这是一个三赢的举措。"

数据显示，工行江门分行智能设备、社保终端机、柜台累计已开通93项政务服务。预计短时间内，包含社保、公积金、民政、税务、公安、司法、残联、海关、卫健、自然资源等10个板块的108项政务服务，将在江门各地主要工商银行网点的智能设备上线。

"银行与现有政务服务网点是互补的关系。"叶昭松说。截至2019年，江门已建成市、县、镇、村四级"1+7+74+1316"实体政务服务大厅，全市73个镇（街）、365个村居已配置"侨都之窗"自助服务终端机。政务服务延伸至银行网点，将为市民办事提供更多便捷。

据了解，自"百项政务服务进银行网点"工作开展以来，工行江门分行不断优化升级硬件设备，使智能设备能应用到更多政务服务场景中。与此同时，银行服务团队也积极加强培训，熟悉各类政务服务功能的操作和流程，力求让市民获得更细致到位的体验。

第2节
数据助企：“粤康码”“粤商通”护航企业复工

第十站，江门市“为民服务解难题·政务服务无堵点”观察团走进江门市量子高科生物股份有限公司，调研企业“粤康码”“粤商通”使用情况。

疫情期间，“粤商通”涉企服务平台充分发挥了对接企业需求的作用。企业在平台上提出的复工物资申购、补贴申领等诉求，经大数据分析，被精准分发至政府有关部门，促使政府及时帮助企业解决在生产经营和复工复产中面临的问题。截至2020年9月，“粤商通”已接处江门企业诉求158件，实现“企业有呼，政府必应”。

“针对疫情引发的企业履约纠纷，‘粤商通’大力推广法律咨询服务功能，组织律师团队为企业提供电话沟通和在线答疑服务，帮助企业维护合

观察团观察员体验“粤康码”（李霭莹摄）

法权益，减少经济损失。”江门市政务服务数据管理局相关负责人介绍，除了法律咨询外，“粤商通”的“复工复产”栏目还为企业提供本地政策措施发布、政策解读、疫情补贴等服务，截至2020年4月，已累计发布超过1700条补贴申报、政策解读等重要信息。

复工复产阶段，企业承担着防疫、生产两手抓的重担，如何监控成百甚至上千名员工的健康状况，是不少企业的燃眉之急。为此，“粤省事·粤康码”与“粤商通”平台实现了联通。企业员工主动申报个人健康信息，经营者即可在手机客户端随时随地查看员工的申报情况。

截至2020年9月22日，江门市已在5018个公共场所和1179间学校等场所推行“粤康码”，使用“粤康码”累计登记人数120万人次，有效解决了复工复产带来的人员流动问题，助力企业掌握异地务工人员返江返岗、出行往来等情况。

第3节 观察团点评

江门市人大代表、江门市房产建筑设计院有限公司董事长梁汉文：

数字政府展实力　战疫复产立新功

体验了智能设备的“政务服务”板块后，梁汉文点赞：“银行的设备较为先进，政务服务与金融服务的结合能够提升群众的办事体验。”他希望，未来能有更多的银行加入政务服务的队伍中，使更多群众在家门口就能办事。

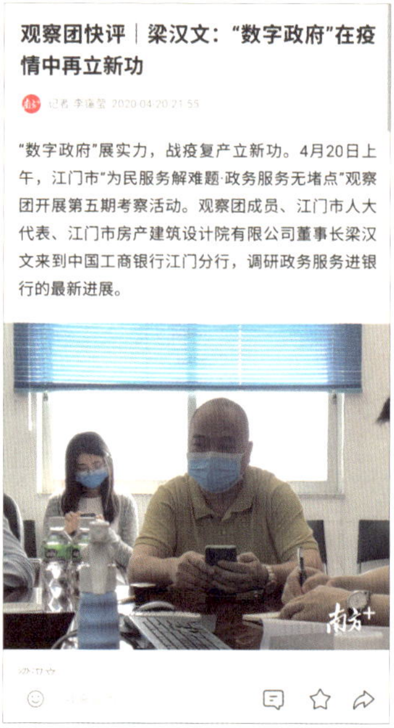
观察团快评｜梁汉文：“数字政府”在疫情中再立新功

“数字政府”展实力，战疫复产立新功。4月20日上午，江门市“为民服务解难题·政务服务无堵点”观察团开展第五期考察活动。观察团成员、江门市人大代表、江门市房产建筑设计院有限公司董事长梁汉文来到中国工商银行江门分行，调研政务服务进银行的最新进展。

2020年4月20日“南方+”客户端截屏

“疫情期间，数字政府为推动员工安全返岗、企业有序复工复产立下了汗马功劳。”梁汉文说，“粤康码”免去了纸质登记个人信息、反复测量人员体温的烦琐流程，有效解决复工复产带来的人员流动问题，为动态管理企业员工健康信息提供了重要依据。

江门职业技术学院党委宣传部负责人詹雨鑫：

政务服务进银行开了一个好头

“这充分发挥了银行网点分布广的优势。”詹雨鑫认为，随处可见的银行网点蕴含着政务服务“就近办”的无限潜力。

詹雨鑫指出，目前智能终端机“政务服务”板块的界面设计和人机互动体验仍有提升空间。他建议，银行应该在政务服务专区放置清晰的指引标示，告诉市民可在机器上办理哪些业务、如何操作，并加强服务人员的培训，为市民提供更好的服务。“这一举措为进一步打造‘政务服务无堵点城市’开了一个好头，后续仍要逐步提升用户体验，以增强市民的获得感。”

江门市人大代表、蓬江区芝山五金工艺制品有限公司总经理罗达全：

政务服务“银行办”能提高老年人的体验

罗达全调研了政务服务进银行的最新进展后认为：“这一举措特别适合老年人。”

基于江门数字政府改革的成果，目前市民已经可以在行政服务中心、一门式服务中心、“侨都之窗”、手机客户端上办理多项政务服务。但是对于老年人来说，他们前往服务中心，以及学习操作智能化服务终端都需要花费更多的时间和精力。“银行网点分布更广，而且有专人一对一服务。”他认为，政务服务进银行能够为市民，尤其是老年人提供更多的便利。

观察团快评｜詹雨鑫：政务服务进银行开了一个好头

2020-04-21 08:32

4月20日上午，江门市“为民服务解难题·政务服务无堵点”观察团开展第五期考察活动。观察团成员、江门职业技术学院副教授詹雨鑫来到中国工商银行江门分行，调研政务服务进银行的最新进展。

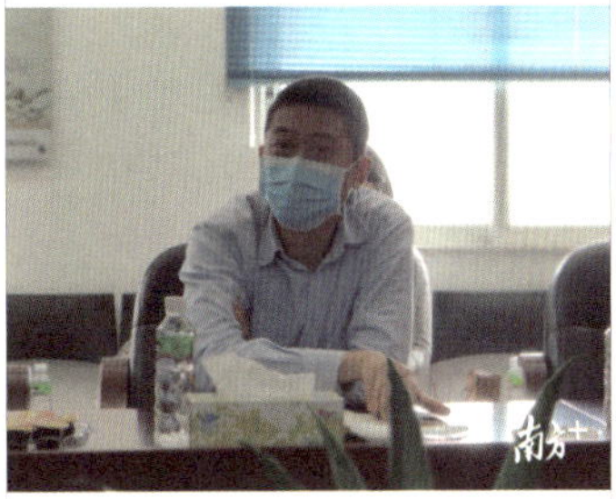

詹雨鑫

从去年四季度开始，中国工商银行江门分行在江门市政务服务数据管理局的指导下，开展了“百项政务

2020年4月21日“南方+”客户端截屏

观察团快评｜罗达全：政务服务进银行潜力无限

2020-04-21 13:08

4月20日，江门市“为民服务解难题·政务服务无堵点”观察团开展第五期考察活动。观察团成员、江门市人大代表、蓬江区芝山五金工艺制品有限公司总经理罗达全来到中国工商银行江门分行，调研政务服务进银行的最新进展。

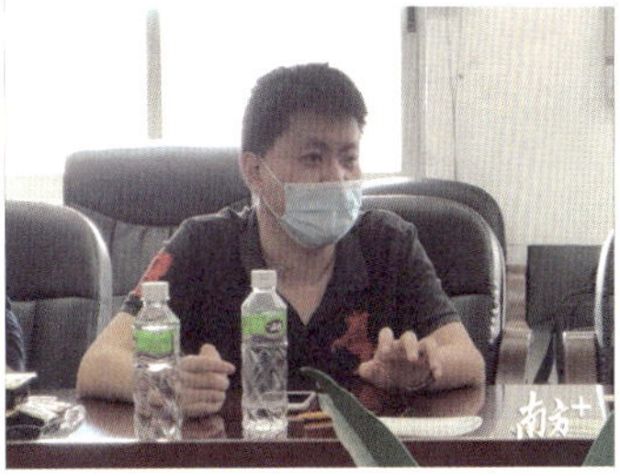

罗达全

“这一举措特别适合老年人。”罗达全认为，基于江

2020年4月21日“南方+”客户端截屏

江门市政协委员、江门市德山复合材料科技有限公司总工程师吴德山：

“政务+金融”具有激活经济的潜力

“这是江门数字政府综合改革，打造‘政务服务无堵点城市’的又一亮点。”吴德山说。

从2020年3月试行至今，工行智能终端机已经新上线多项政务服务，加上社保终端机和柜台，市民累计可在工行办理93项政务服务。尽管智能终端机计划引入的108项政务服务还没有完全上线、终端机的用户体验还有进步的空间，但吴德山表示：“政务服务进银行这个思路是很好的。”

市民在办理政务服务的同时，可以更多地接触到金融服务的场景，为银行开拓业务提供了更多可能性。他认为，这一举措具有激活江门经济发展的潜力。

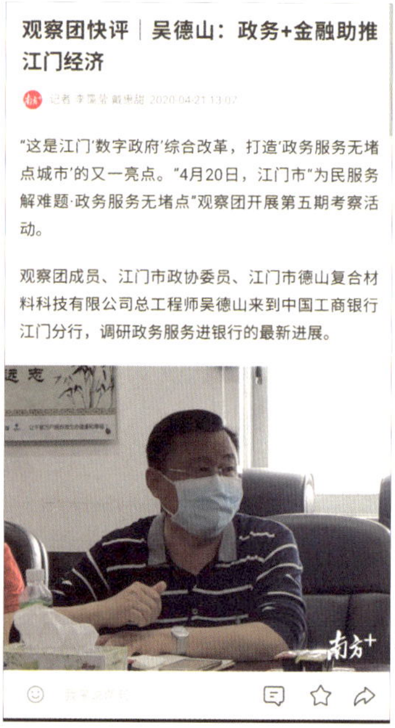

观察团快评｜吴德山：政务+金融助推江门经济

“这是江门‘数字政府’综合改革，打造‘政务服务无堵点城市’的又一亮点。”4月20日，江门市“为民服务解难题·政务服务无堵点”观察团开展第五期考察活动。

观察团成员、江门市政协委员、江门市德山复合材料科技有限公司总工程师吴德山来到中国工商银行江门分行，调研政务服务进银行的最新进展。

2020年4月21日“南方+”客户端截屏

江门市弥敦家具有限公司总经理林志勇：

24小时办事既省时又省事

“我曾经在工作日到一门式服务中心办事，排队等了1个多小时。”林志勇回忆。

自从江门市开展“百项政务服务进银行网点”工作以来，全市81个工行网点化

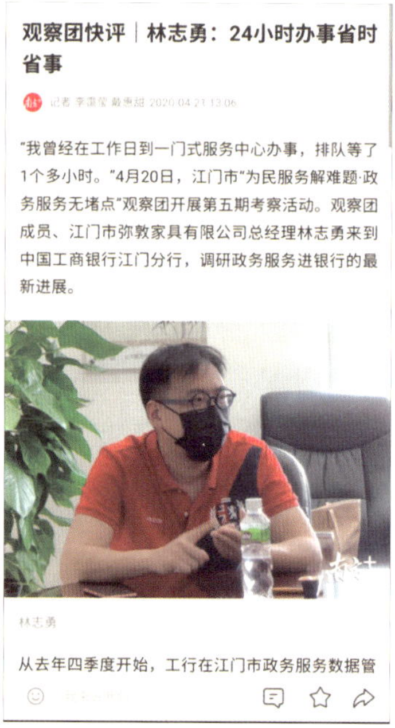

观察团快评｜林志勇：24小时办事省时省事

“我曾经在工作日到一门式服务中心办事，排队等了1个多小时。”4月20日，江门市“为民服务解难题·政务服务无堵点”观察团开展第五期考察活动。观察团成员、江门市弥敦家具有限公司总经理林志勇来到中国工商银行江门分行，调研政务服务进银行的最新进展。

林志勇

从去年四季度开始，工行在江门市政务服务数据管

2020年4月21日“南方+”客户端截屏

身“政务服务中心”，让市民在家门口就能办事。

目前，工行江门分行营业部有5台智能设备，其中一部放置在24小时开放的自助银行服务区，市民可以享受到“7×24”小时全天候政务服务。林志勇点赞：“晚上办事人少，停车、排队更加方便。”他期待银行能够增加24小时智能终端机的数量，不断提升市民的幸福感和获得感。

第七章 领取电子社保卡 家门口享社保“一卡通”服务

时间：2020年4月28日

地点：江门市人力资源和社会保障局、江门市中心医院、广发银行东华支行

“市民通过电子社保卡，即可在医院收费窗口实现‘码’上支付，实现全流程一卡通、无接触使用。”江门市中心医院财务科科长苏伟鹏介绍。

2020年4月28日上午，江门市“为民服务解难题·政务服务无堵点”观察团开展第六期（第十一、十二、十三站）考察活动。观察团观察员来到江门市人力资源和社会保障局、开设相关业务的银行和江门市中心医院，调研“智慧人社”的最新进展。

2020年3月，江门市民正式迎来了电子社保卡“装进手机、扫码办事、无卡支付”的新时代。截至2020年9月，江门市已有超过81万名市民领取了自己的电子社保卡。

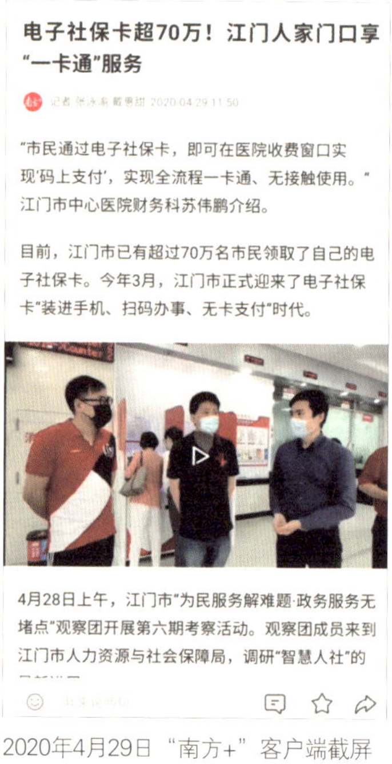

电子社保卡超70万！江门人家门口享“一卡通”服务

“市民通过电子社保卡，即可在医院收费窗口实现‘码上支付’，实现全流程一卡通、无接触使用。”江门市中心医院财务科苏伟鹏介绍。

目前，江门市已有超过70万名市民领取了自己的电子社保卡。今年3月，江门市正式迎来了电子社保卡“装进手机、扫码办事、无卡支付”时代。

4月28日上午，江门市“为民服务解难题·政务服务无堵点”观察团开展第六期考察活动。观察团成员来到江门市人力资源与社会保障局，调研“智慧人社”的

2020年4月29日“南方+”客户端截屏

第1节
现场办结：全省率先实现社保卡即办即取

“市民只须提供有效身份证明来到我们银行柜台，工作人员就可帮忙办理，只需20分钟，就可以现场拿到社保卡。”广发银行东华支行有关负责人介绍，“我们将不断升级银行系统，预计今年之内可实现终端机自助办理。”

近年来，江门不断优化业务流程，全省率先上线社保卡即办即取系统。江门全市三区四市均已实现社保卡“立等可取”服务。此外，江门市还在打造“轻量化”服务，创新推出“电子社保卡”微信小程序，签发电子社保卡81万张，全市超1200家定点医疗机构和药店实现购药支付、挂号就医、看病检验等扫码应用。

在线下服务方面，市人社部门创建“家门口”贴心服务。在80多个镇街人社站所、近700个银行网点、248个行政村配备了1000多台社会保障卡

观察团观察员来到江门市人力资源与社会保障局，调研“智慧人社”的最新进展（戴惠甜摄）

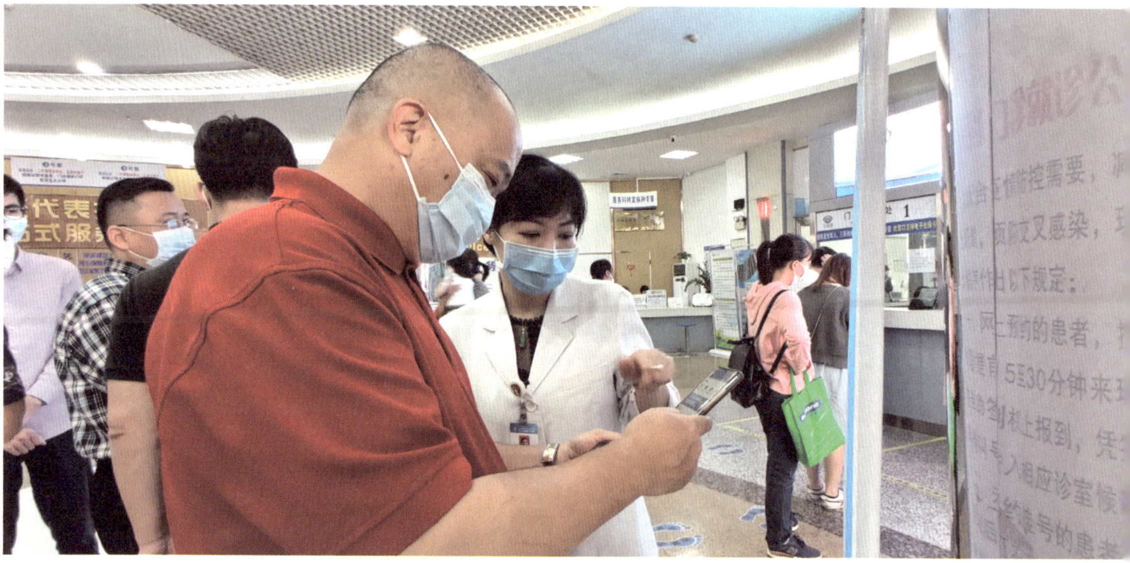

江门市“为民服务解难题·政务服务无堵点”观察团走进江门市中心医院，现场体验电子社保卡的使用（戴惠甜摄）

自助服务终端，在偏远农村地区建立社会保障卡农村服务点，将人社服务送到群众家门口。

同时，社保卡的用卡场景不断拓展，逐步实现政务、民生、金融“一卡通”。目前，社保卡的应用范围包括就业创业、社会保障、人社人才等领域，通过社保卡发放的各类资金和补贴年金额达80亿元；加载人才绿卡、安心家政服务卡、义工证等电子证件，为群众提供“一卡通”便捷服务。

第2节 快速便捷：电子社保卡无接触支付全省首发

在江门市中心医院，观察团现场体验了电子社保卡的便捷使用。

2020年3月31日，江门市在全省首发电子社保卡C—B（主动扫码）支付。患者只须在手机打开“五邑人社”小程序，向医院收费窗口展示电子社保卡二维码，即可实现“码”上支付，实现全流程、一卡通、无接触的使用。

“仅需要几步注册，就可以使用电子社保卡。”江门市政协委员、江门市德山复合材料科技有限公司总工程师吴德山现场体验了电子社保卡的应用。通过“五邑人社”小程序，就可获得个人电子社保卡。在收费窗口，只须通过该小程序扫码，就能实现无卡医保特病统筹结算、医保个账支付和基本医保支付。截至2020年9月，全市有超过1200家定点医院和药店，可实现电子社保卡的支付应用。

AⅡ04 江门观察 综合 2020/05/07 星期四 南方日报

江门超70万市民已领取电子社保卡

家门口享社保“一卡通”服务

为民服务解难题 政务服务无堵点

“市民通过电子社保卡，即可在医院收费窗口实现‘码’上支付，实现全流程一卡通、无接触使用。”江门市中心医院财务科科长苏伟鹏介绍。

4月28日上午，江门市“为民服务解难题·政务服务无堵点”观察团开展第六期考察活动。观察团成员来到江门市人力资源和社会保障局、开设相关业务的银行和江门市中心医院，调研“智慧人社”的最新进展。

记者获悉，目前，江门市已有超过70万名市民领取了自己的电子社保卡。今年3月，江门市民正式迎来了电子社保卡“装进手机、扫码办事、无卡支付”的新时代。

采写/摄影：南方日报记者 张泳瑜 戴鹏

全省率先实现社保卡即办即取

电子社保卡无接触支付全省首发

全面打造“智慧人社”智能化服务体系

观察团快评

观察团成员梁汉文：“智慧人社”经验值得推广

观察团成员吴德山：应加大对“智慧人社”功能的宣传

观察团成员林志勇：业务下放基层 服务提质增效

观察团成员罗达全：要关注城乡居民需求的不同特点

2020年5月7日《南方日报》AII04版报道截图

第3节
智慧人社：全面打造智能化服务体系

电子社保卡只是江门市人社部门打造“智慧人社”服务体系的其中一项。市人社局还全面打造了省市联动对接、数据规范统一、线上线下服务、智能管理科学、地方特色明显的“智慧人社”智能化服务体系。依申请政务服务事项网上办率达85%，一次办率达99%。2019年以来，市民办事平均时限比法定时限压缩50%以上。

疫情期间，依托“智慧人社”服务体系，江门市人社局火速上线“零接触”网络招聘会服务，为全市企业和求职者提供全流程、“零接触”、免费线上公共就业服务。截至2020年9月，全市共举办网络招聘会117场次，促进7481家次企业与13.4万人次求职者进行了对接，促成1.44万人成功就业。

在江门支持企业复工复产配套政策出台的第二天，该局就推出了应对疫情支持企业复工复产补贴专区，为江门市企业和创业人员提供12项扶持补贴申领，实现“申领—审批—发放”全流程“零跑腿、零距离、零见面”一键通办服务。截至2020年9月，已申请相关补贴企业超过8000家，涉及金额2.1亿元。

江门全市三区四市均已实现社保卡“立等可取”服务（戴惠甜摄）

第4节
观察团点评

江门市人大代表、江门市房产建筑设计院有限公司董事长梁汉文：
“智慧人社”经验值得推广

“作为企业经营者，我曾深受办证难之苦。市人社局建立联通各地、各部门的信息归集和精准分发机制，实现人社保障服务与健康管理在线化、数字化，有效减少资料重复填报的做法，可造福广大市民。”梁汉文结合自己的经历，点评江门市人社局的服务。他表示，人社局推出养老“刷脸”年审、失业人员“刷脸”签到服务，不断提高市民的获得感和幸福感。

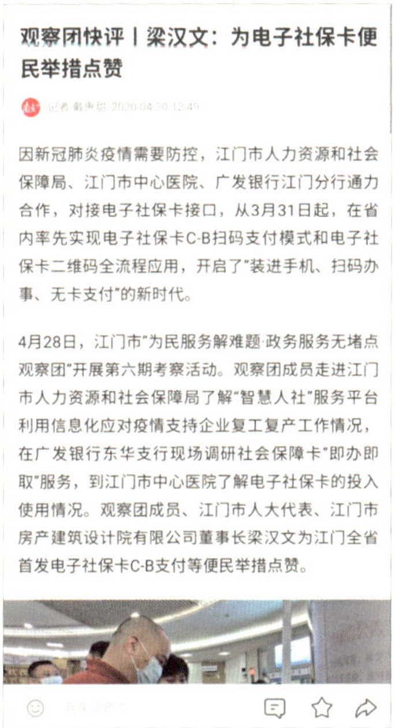

观察团快评丨梁汉文：为电子社保卡便民举措点赞

因新冠肺炎疫情需要防控，江门市人力资源和社会保障局、江门市中心医院、广发银行江门分行通力合作，对接电子社保卡接口，从3月31日起，在省内率先实现电子社保卡C-B扫码支付模式和电子社保卡二维码全流程应用，开启了“装进手机、扫码办事、无卡支付”的新时代。

4月28日，江门市“为民服务解难题·政务服务无堵点观察团”开展第六期考察活动。观察团成员走进江门市人力资源和社会保障局了解“智慧人社”服务平台利用信息化应对疫情支持企业复工复产工作情况，在广发银行东华支行现场调研社会保障卡“即办即取”服务，到江门市中心医院了解电子社保卡的投入使用情况。观察团成员、江门市人大代表、江门市房产建筑设计院有限公司董事长梁汉文为江门全省首发电子社保卡C-B支付等便民举措点赞。

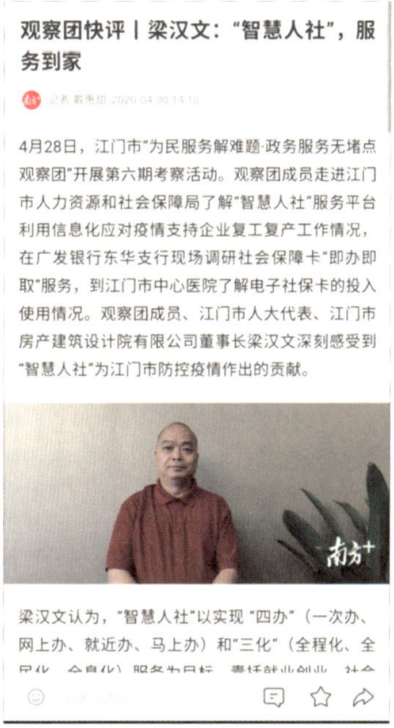

观察团快评丨梁汉文：“智慧人社”，服务到家

4月28日，江门市“为民服务解难题·政务服务无堵点观察团”开展第六期考察活动。观察团成员走进江门市人力资源和社会保障局了解“智慧人社”服务平台利用信息化应对疫情支持企业复工复产工作情况，在广发银行东华支行现场调研社会保障卡“即办即取”服务，到江门市中心医院了解电子社保卡的投入使用情况。观察团成员、江门市人大代表、江门市房产建筑设计院有限公司董事长梁汉文深刻感受到“智慧人社”为江门市防控疫情作出的贡献。

梁汉文认为，“智慧人社”以实现“四办”（一次办、网上办、就近办、马上办）和“三化”（全程化、全

2020年4月30日“南方+”客户端截屏

在江门市中心医院体验使用电子社保卡就医的流程后，梁汉文认为，市人力资源和社会保障局急群众之所需，创新服务方式，在全省首发电子社保卡C—B支付，深入开展以电子社保卡为载体的“智慧人社”便民应用服务，为打赢疫情防控阻击战作出贡献，这些经验值得推广。

江门市政协委员、江门市德山复合材料科技有限公司总工程师吴德山：

应加大对“智慧人社”功能的宣传

江门市人社局全面打造“智慧人社”智能化服务体系。“这一系列措施真正做到为民、便民，值得点赞。”吴德山认为，企业、市民对“智慧人社”的了解不够充足，认识还不够深，有关部门应加大对“智慧人社”功能的宣传，引导企业、市民在不同的应用场景中多使用“智慧人社”，减少跑腿次数，享受更便捷的政务服务。

江门市弥敦家具有限公司总经理林志勇：

业务下放基层　服务提质增效

林志勇在广发银行东华支行现场调研

观察团快评丨吴德山：“智慧人社”让服务更智慧

4月28日，江门市“为民服务解难题·政务服务无堵点观察团”开展第六期考察活动。观察团成员、江门市政协委员、江门市德山复合材料科技有限公司总工程师吴德山走进江门市人力资源和社会保障局了解“智慧人社”服务平台利用信息化应对疫情支持企业复工复产工作情况，在广发银行东华支行现场调研社会保障卡“即办即取”服务，到江门市中心医院了解电子社保卡的投入使用情况。

据介绍，目前，江门市人社局全面打造省市联动对接、数据规范统一、线上线下服务、智能管理科学、地方特色明显的“智慧人社”智能化服务体系，

2020年4月30日“南方+”客户端截屏

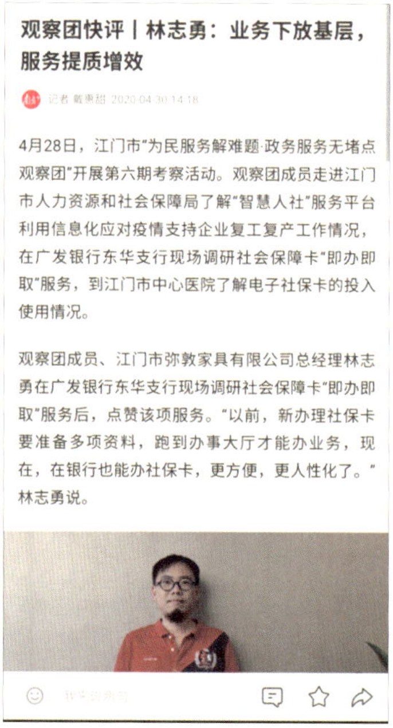

观察团快评丨林志勇：业务下放基层，服务提质增效

4月28日，江门市“为民服务解难题·政务服务无堵点观察团”开展第六期考察活动。观察团成员走进江门市人力资源和社会保障局了解“智慧人社”服务平台利用信息化应对疫情支持企业复工复产工作情况，在广发银行东华支行现场调研社会保障卡“即办即取”服务，到江门市中心医院了解电子社保卡的投入使用情况。

观察团成员、江门市弥敦家具有限公司总经理林志勇在广发银行东华支行现场调研社会保障卡“即办即取”服务后，点赞该项服务。“以前，新办理社保卡要准备多项资料，跑到办事大厅才能办业务，现在，在银行也能办社保卡，更方便，更人性化了。”林志勇说。

2020年4月30日“南方+”客户端截屏

社会保障卡即办即取服务后，点赞该项服务。“以前，新办理社保卡要准备多项资料，跑到办事大厅才能办业务。现在，在银行也能办社保卡，更方便，更人性化了。”林志勇说。

在江门市中心医院了解电子社保卡的投入使用情况后，林志勇建议，有关部门可尝试将更多业务权限下放至基层，让市民在一个场景可办理多项业务，减少材料准备和跑腿次数，真正让便民服务提质增效。

江门市人大代表、蓬江区芝山五金工艺制品有限公司总经理罗达全：
要关注城乡居民需求的不同特点

在了解“智慧人社”服务平台利用信息化应对疫情支持企业复工复产工作情况后，罗达全建议，针对部分外贸企业受疫情影响订单减少的情况，可在“智慧人社”服务平台开设共享员工对接功能，盘活富余的劳动力资源，让人力资源要素能够顺畅流动，助力江门经济社会发展。

观察团快评丨罗达全：让便利延伸到城乡最后一公里

4月28日，江门市“为民服务解难题·政务服务无堵点观察团”开展第六期考察活动。观察团成员走进江门市人力资源和社会保障局了解“智慧人社”服务平台利用信息化应对疫情支持企业复工复产工作情况，在广发银行东华支行现场调研社会保障卡“即办即取”服务，到江门市中心医院了解电子社保卡的投入使用情况。

观察团成员、江门市人大代表、蓬江区芝山五金工艺制品有限公司总经理罗达全在了解“智慧人社”服务平台利用信息化应对疫情支持企业复工复产工作情况后建议，针对目前部分外贸企业订单减少的情

2020年4月30日“南方+”客户端截屏

在广发银行东华支行现场调研社会保障卡即办即取服务以及到江门市中心医院了解电子社保卡的投入使用情况后，罗达全点赞这一系列便民举措。“这些便民举措真正让数据多跑、市民少跑。”罗达全建议，有关部门还要关注城乡居民需求的不同特点，强化统筹，进一步打破部门之间的数据壁垒，让农村居民也能和城市居民一样，享受便利便捷的社保医保服务。

第八章 年内再建4个出入境智慧办证大厅

时间： 2020年6月2日

地点： 江海区江南行政服务中心、江门车辆管理所

2020年6月2日，江门市“为民服务解难题·政务服务无堵点”观察团开展第七期（第十四站、十五站）考察活动。观察团观察员来到江海区江南街道公共服务中心（简称“江南中心”）、江门车辆管理所（简称“车管所”）办证大厅等地，考察公安部门近年来“智慧新警务”的建设成果。

疫情期间，江南中心与江海区政务服务数据管理局加强联动，将证件免费邮寄范围由原先的身份证扩大到居住证、准迁证、迁移证等证件，免去群众出门“跑腿”领证的麻烦。车管所开通“绿色通道”，为急需办理车驾管业务的企业提供“加急办”“快速办”服务，助力复工复产。同一时期，市公安局出入境管理支队通过网上预约、自助办理、网上办理等多种途径，为急需办证的群众及境外人员提供服务，并加紧推进全市出入境智慧办证大厅的建设。到2020年年底，江门三区四市的群众都能一站式办理出入境预约、导服、查询、照相、受理、签注、缴费、发

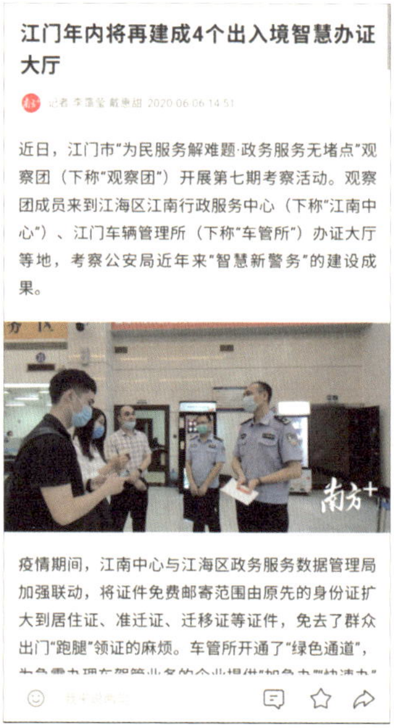
江门年内将再建成4个出入境智慧办证大厅

2020.06.06 14:51

近日，江门市“为民服务解难题·政务服务无堵点”观察团（下称“观察团”）开展第七期考察活动。观察团成员来到江海区江南行政服务中心（下称“江南中心”）、江门车辆管理所（下称“车管所”）办证大厅等地，考察公安局近年来“智慧新警务”的建设成果。

疫情期间，江南中心与江海区政务服务数据管理局加强联动，将证件免费邮寄范围由原先的身份证扩大到居住证、准迁证、迁移证等证件，免去了群众出门“跑腿”领证的麻烦。车管所开通了“绿色通道”，

2020年6月6日“南方+”客户端截屏

证等多种业务。

在“智慧新警务”和江门市数字政府综合改革试点工作的部署下，江门市公安局围绕“简政放权、放管结合、优化服务”的思路，持续推进“放管服”改革，简化户政、车驾管、出入境等业务办事流程，切实打通便民利民的“最后一公里”。

第1节
全区通办：江海区户政业务办理提速

观察团第十四站来到江海区江南街道公共服务中心。在24小时开放的公安窗口自助区，市民可以根据居民身份证自助受理机的指引，完成身份证丢失补领、期满换领、损坏换领、指纹采集、自助缴费等业务。完成缴费后提供邮寄地址，市民就可以在60天内收到新的身份证。

截至2020年9月，这样的居民身份证自助受理机在江海区已有3台。市民，尤其是上班一族可以在下班时间随时办证，不再受街道公共服务中心开放时间的限制。

自2019年3月1日起，江海区实行户政业务全区通办，申请人可在区内任意一个街道公共服务中心公安窗口递交申请材料，办理常住人口业务、居住证、身份证、门牌等77项政务服务。截至2020年9月23日，全区通办受理量达到29887人次，平均每月1100多人次。

"以前制作一张临时身份证需要手工完成裁剪、打印、过塑等流程。"江海公安分局户政管理大队大队长叶秀霞说，这种操作非常考验制证人员的技术，"裁剪歪了，打印斜了，都需要重新制作"。在等待更换新身份证的这段时间里，临时身份证是居民证明自己身份的重要证件。受限于人工制证的效率，过去居民申领临时身份证至少需要两个工作日。2019年5月，江海区引入了临时身份证自助制证一体机，将制作临时身份证的时间缩短至3分钟以内，申请人在现场能马上拿到临时身份证，实现了"立等可取"。

对于军人、孕妇、70岁以上老人和残疾人，江海区各服务中心公安专窗还设置了绿色通道，实行"一对一贴身服务"。对行动不便或有精神障碍，无法进行社会活动的群体，中心窗口还会与村（居委会）、派出所联系，提供预约上门服务。

第2节
全面联合：六大部门联动拓展车管办证网点

“我们联动了保险、邮政、医疗、税务、银行、法院等六大部门，在全市多地建立服务。”江门市公安局交警支队车辆管理所中队长邓纪文介绍。截至2020年9月，全市已建成39家机动车服务站点、7家“警保”服务站、90个“警邮”服务站、20个“警医”服务点，群众可在以上合作网点办理34项车驾管业务。这样一来，不仅免去了群众再跑一趟车管所的时间成本，还分流了车管所办证大厅的办事群众，大大减轻传统业务窗口的压力。数据显示，2020年前9月，上述合作网点已累计办理机动车业务超过10万宗。

与此同时，车管所还大力推行机动车销售企业快捷代办机动车上牌、临牌登记业务，上牌时间由原来的一个工作日缩减至30分钟。车主在全市

市民在江门车辆管理所办证大厅办理业务（戴惠甜摄）

市民正在江门车辆管理所办证大厅办理业务（戴惠甜摄）

84家4S店可以体验到购买车辆、购置保险、缴纳税费、选号登记等“一站式”服务，实现“今天买车，今天上路”。2020年以来，群众在4S店办理上牌的小汽车比例从2019年的11.38%上升到26.06%，其中蓬江区和江海区的比例已经上升到58%。

在车管所办证大厅，多窗口来回跑、申请材料烦琐的“堵点”也得到了改善。在过去，市民办理驾驶证和行驶证需要分别跑两个窗口，如今，车管所整合优化业务办理流程，实行各类车驾管业务“一窗通办”，做到受理、审核、缴费、发证全流程“一次排队，一次办结”。通过相关部门信息共享网络核验，群众不再需要提交车辆购置税、车船税、交强险等纸质凭证，窗口工作人员通过自动读取身份证，采集申请人信息，免去了群众填写纸质表格的麻烦。据统计，车管所每年免去群众填写表格160多万张、免交各类纸质资料230万余份。

观察团活动当天，车管所办证大厅秩序井然，群众只须等待10分钟左右就能到窗口办事。邓纪文说，在没有实行预约办理之前，每天车管所还没开门，门口就排起了队伍。从2019年年底开始，车管所实行网上预约办理车驾管业务，群众在约定时间错峰到达办证大厅，节省了等候的时间。预约服务启用以来，截至2020年9月，已经服务超过13万人次。

第3节

智慧警务：出入境智慧办证大厅高效服务

"截至2019年年底，江门累计投入了588万元用于智慧办证大厅建设，共采购智能导服机、自助照相机、智慧受理亭、自助办证一体机、自助发证机等自助设备50余台。"江门市公安局出入境管理支队大队长赵艳芳向观察团介绍，近年江门市出入境业务受理量、审批量逐年攀升，支队的工作强度和难度随之增大，同时群众对政务服务体验有了更高的期待，增设前台人工窗口等传统办法已经难以满足群众需求。因此，借助现代化信息技术，建设"智慧新警务"成为出入境工作转型升级的必由之路。

2019年12月，全市4个出入境智慧办证大厅落成，大厅划分为智能导服区、智慧受理区、自助服务区、自助办证区4个功能相对独立的区域，为群众提供快捷高效的办证体验。

进门后，市民首先到达的是智能导服区。市民根据办事需求在智能导

AⅡ02 江门观察 关注 2020/06/11 星期四

南方日报

江门公安深化"智慧新警务"，多项业务实现一站式"立等可取"

年内再建4个出入境智慧办证大厅

为民服务解难题 政务服务无堵点

市民正在江门车辆管理所办证大厅办理业务。 南方日报记者 戴嘉信 摄

户政业务江海区24小时通办

六大部门联动拓宽车管办证网点

4个出入境智慧办证大厅年底建成

南方日报记者 李润莹

声音

江门市人大代表、江门市房产建筑设计院有限公司董事长梁汉文：

智慧办证助力江门吸引人才

2020年6月11日《南方日报》AⅡ02版报道截图

服机上选择想要办理的业务，自助打印出排队号码、办证流程、自助设备分布图等信息，并根据指引前往相应区域等候。除此以外，智慧办证大厅还提供免费拍照，自助查询出入境记录，通行证签注等服务。市民可以在出入境自助办证一体机上完成电子港澳通行证、电子台湾通行证签注业务受理、审批、缴费、制证、发证等环节，全流程3分钟内“立等可取”。

赵艳芳说，大厅内所有自助设备均有操作指引和语音提示，人机互动简单易懂，每2—3台自助办证一体机还配备有1名工作人员负责授权和指引，在提升市民办事体验的同时也节省了警力。出入境智慧办证大厅启用以来，截至2020年9月，已累计为3万多人次提供了免费照相服务、为1248人次提供了自助办证服务。

截至2020年9月，江门已建成7个智慧办证大厅、8个24小时自助办证厅、78个自助办证点、103台自助办证一体机的办证网络。2020年下半年，江门将再建成4个出入境智慧办证大厅，届时三区四市的群众都可享受到智慧办证新体验。

第4节
观察团点评

江门市人大代表、江门市房产建筑设计院有限公司董事长梁汉文：
智慧办证助力江门招引人才

“这将为江门引进外来人才提供更好的服务支持。”梁汉文说。2020年5月，《江门市加快构建“三区并进”区域发展新格局实施方案》出台，提出全面取消城镇落户限制，吸引有能力在市区稳定就业和生活的外来人口举家进城落户。

梁汉文回忆，以前办事要东奔西走。如今，广东省内办理户籍迁移只须在拟迁入地提交申请资料即可实现一站式办理，集身份核验、申请、拍照、缴费、指纹和手写签名等功能于一体的智能设备还为群众提供了随时随地办理部分户政业务的便利。“外地人才对于落户江门更有信心了。”他说。

他认为，出入境和车管业务的便民举措对人才引进也具有明显帮助。“目前各大城市都在争取利用人口红利促进经济发展。”他期待，江门继续在数字政府综合改革试点工作上发挥首创精神，以更优质的政务服务吸引更多人才落户江门，为江门经济腾飞提供智力支撑。

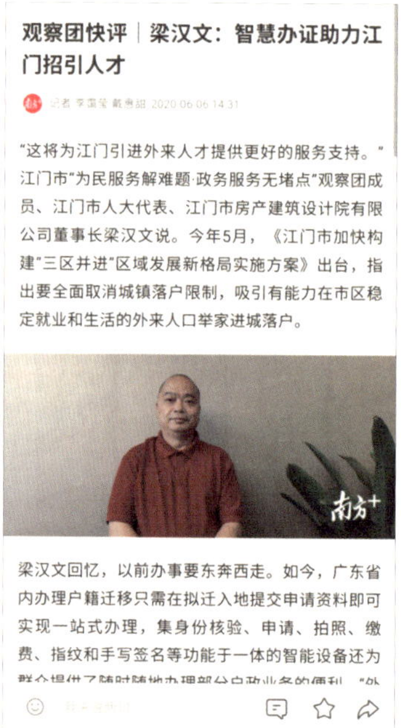
观察团快评｜梁汉文：智慧办证助力江门招引人才

2020-06-06 14:31

“这将为江门引进外来人才提供更好的服务支持。”江门市“为民服务解难题·政务服务无堵点”观察团成员、江门市人大代表、江门市房产建筑设计院有限公司董事长梁汉文说。今年5月，《江门市加快构建“三区并进”区域发展新格局实施方案》出台，指出要全面取消城镇落户限制，吸引有能力在市区稳定就业和生活的外来人口举家进城落户。

梁汉文回忆，以前办事要东奔西走。如今，广东省内办理户籍迁移只需在拟迁入地提交申请资料即可实现一站式办理，集身份核验、申请、拍照、缴费、指纹和手写签名等功能于一体的智能设备还为

2020年6月6日“南方+”客户端截屏

「下篇」

案例解析

[权威点评]

如果说，一个城市的竞争力与吸引力取决于经济发展水平和社会服务水平，那么，在很大程度上，地方政府的治理机制创新和治理技术革新则是高质量经济发展和优质社会服务的关键性支撑条件。以“发挥媒体优势，促进政务改革”为核心的“江门方案”致力于治理机制创新与治理技术革新的协调发展，为实现政府与民众之间的良性互动提供了一个范例。作为数字政府建设的一种地方经验，“江门方案”值得被学习、推广和借鉴。

——中山大学教授、博士生导师，教育部长江学者特聘教授肖滨

第一章　堵点清零

江门加快数字政府建设，“多快好省”提升办事便利度

为民服务解难题　“堵点清零”进行时

“我第一次来这里办事，没想到这么快！”2019年12月3日下午，市民叶发回来到江门市行政服务中心办理税收完税证明。在一楼政务服务自助终端，他根据指引刷了身份证，输入了日期区间，不到1分钟，证明就顺利打印了出来。他回忆，以前在税务局排队打印证明，要预留大半天时间，而现在在机器上就能完成自助办理，方便多了。

南方日报 江门观察
特10
江海门户　向海而兴
江门加快“数字政府”建设，“多快好省”提升群众办事便利度
为民服务解难题　“堵点清零”进行时
“湾区通”探索
政务服务跨城通办
综合窗口各村(居)无差别化受理
营业执照5分钟立等可取
水电气过户一份材料一窗搞定
便民服务逐步深入人心

2019年12月26日《南方日报》特10版报道截图

2019年以来，结合“数字政府”综合改革试点工作，江门围绕基层事务冗杂、群众办事烦琐等突出问题，运用数字化、信息化手段，打造“政务服务无堵点城市”。“全程网办”“全城通办”“四少一快”“智能办理”“指尖计划”“堵

点清零”，江门市政务服务数据管理局全面推进“六大行动”，取得了480项政务服务“指尖办”，69项基层服务事项“全城通办”的喜人成效。

“数据多跑路，群众少跑腿。”围绕便民惠民的初衷，2019年，江门市政务服务数据管理局以大刀阔斧的姿态，深入推进“堵点清零”工作，在办事网点多、审批流程快、表单材料简化上下功夫，不断改变群众“办事难”的思维定式，定义属于江门市民易办事的“多快好省”。

第1节
网点密集：综合窗口各村（居）无差别化受理

在恩平市大田镇上南村党群服务中心，一台黑色的"侨都之窗"政务服务自助终端成为村民的"新宠儿"。上南村党总支书记郑水军说，一开始大家都不知道它的用途，现在隔三岔五就有村民过来查询农保业务，"他们都评价很方便"。除了查询农保外，村民们还可以在终端上随时进行公交卡充值、社保卡金融账户余额查询等81项高频服务事项的办理。数据显示，截至2019年12月4日，全市"侨都之窗"业务办理数已经超过65万件。

"数据多跑路，群众少跑腿"是江门市大力推进数字政府建设的初心。2019年，《江门市数字政府建设总体规划（2019—2021年）》提出，要实现政务服务"马上办、网上办、就近办、一次办和智慧办"，有效拓展了政务服务办事网点，为群众"就近办"提供硬件设施保障。

自2016年落地上线运行以来，江门各区"侨都之窗"的数量逐年增长，截至2020年9月，已经覆盖镇（街）、村（居）和第三方场所共计652台，逐步建成市民身边的"15分钟政务服务圈"。截至2020年8月30日，"侨都之窗"已累计为市民办理社保参保证明打印、交通违章罚款缴纳等各类服务事项近201.1万宗。

"让市民在家门口就能办事，是政务服务便民化的重要议题。"江门市政务服务数据管理局相关负责人举例，在以前，60岁以上的老人每年都需要到人力资源和社会保障局进行养老保险年审工作，这对于行动不便的长者来说是一个不小的麻烦。如今，他们只需要在就近的"侨都之窗"自助服务终端机进行人脸识别，就可以完成年审手续。

"全市各村（居）进驻事项统一、应用平台统一、服务标准统一。"江门市政务服务数据管理局负责人用三个"统一"概括了全市综合窗口无差别化受理的要求。对于不适合群众自助办理的业务，江门布局了市、县、镇、村四级“1+7+74+1316”实体政务服务大厅，将563项政务服务事项下沉到镇（街）、村（居）政务服务大厅进行办理。涉及人社、卫健等部门的69项基层服务事项已经实现了“全城通办”。以新会区为例，仅会城街道就已经铺设有21个村（社区）“侨都之窗”；在人口密集的双水镇，“侨都之窗”更是被细分到13个村里。

除了“侨都之窗”和政务服务大厅，手机客户端也成为拓宽群众办事渠道的重要载体。在“指尖办”行动的指引下，江门市以微信小程序“粤省事”、“江门易办事”App和“侨都之窗”自助终端为阵地，打造了不打烊的数字政府。

查社保、查公积金、查罚单，在事业单位工作的吴先生是“粤省事”的忠实粉丝，即使出门忘带身份证，他也会第一时间想到使用“粤省事”的居民身份电子凭证。截至2020年9月，江门已经有749项高频服务事项进驻“粤省事”，近239万名注册用户可以通过手机客户端实现政务服务“指尖办”。除此以外，江门还为本地居民打造了极具侨乡特色的“江门易办事”App，预约挂号、实时公交、工资计算器等近200项贴近生活的便民服务已经顺利进驻。

第2节
智能秒批：营业执照5分钟立等可取

“凳子还没坐热就办好了！”2019年，谭军打算在新会金田酒店附近开一家奶茶店。根据行政服务中心导办窗口的指引，她提前准备好了租赁合同、房产证复印件、店铺布局图、身份证复印件等材料。在营业执照办证窗口，不到10分钟就办结了业务。

2019年，江门以“智能办理”行动为牵引，在政务服务中嵌入大数据和人工智能，着力建设“数据自动匹配、事项智能分析、审批无人干预”的人工智能办理系统，大大加快了业务办理的速度。

2019年10月上线微信端个体工商户开办登记、个人独资企业设立登记业务，11月初上线银行自助终端个体工商户开办登记、个人独资企业设立登记业务，11月中旬上线个体工商户变更登记业务……秉持“为民服务解难题”的决心，江门市市场监督管理局30人的改革攻坚团队奋战60天，接连推出了多项惠企服务，使江门商事登记领域政务服务改革走在全省前列。

“营业执照申请周期长、材料审批慢，一直是企业办事的堵点、痛点和难点。”江门市市场监督管理局相关负责人表示，为解决企业的烦心事、操心事、揪心事，2019年6月，江门在全省率先上线“微信+智能办照”系统，将营业执照的审批时限从1天压缩到几十秒，实现了申请人24小时在线申报、智能“秒批”“立等办结”。据统计，截至2020年8月底，江门共办理智能审批业务5108宗，同期新登记市场主体62515户。

在此基础上，江门进一步深化政银合作，在2019年7月推出了全国首部全程智能化办照的STM智慧柜员机。借助人脸识别、电子印章、数字签名等信息技术，个体工商户只需要在智慧柜员机上填写企业名称、经营范围、商事住所等信息，点击提交材料并输入电子签名，就可以立刻领取营

江门进一步深化政银合作，在2019年7月推出了全国首部全程智能化办照的STM智慧柜员机（张婧媛摄）

业执照。全程只需5分钟的“即办即批即取”服务，革新了工商营业执照的办证新速度。建设银行江门市分行负责人表示，全市已有10个建行网点设置了STM智慧柜员机，其他服务网点会不断加入。

第3节
一次办结：水电气过户一份材料一窗搞定

“以前我总是怕漏带材料，要儿子陪着才能来办事。”市民李英周坐在新会区会城街道行政服务中心二楼，仔细填写着《办理代开增值税发票缴纳税款申报单》。近期，他完成了会城街道七堡村民委员会的一项工程，需要开一张增值税发票。拿着身份证、身份证复印件和申报单三份材料，李英周独自完成了开票手续。

少填、少报、少带、少跑、快办，是江门政务服务改革“四少一快”设立的目标。2019年，依托跨部门数据共享与业务协同，江门建成了电子证照系统，用于支撑各类政务服务的证照认证和材料递交，有效减轻了市民和企业的办事负担。截至2019年12月，江门已开通66种常用电子证照，它们被广泛应用在不动产交易登记、公积金提取、人社、社保等853个事项中，助力群众办事材料大幅缩减51%。

针对基层证明事项烦琐冗杂的问题，江门全面开展清理工作，首批取消了186项证明事项。其中，无犯罪记录证明、婚姻登记记录证明等11项基层证明已经可以通过微信小程序“粤省事”直接办理，将“群众跑腿”转变为“数据跑路”，有效缓解了基层证明多、乱、难的办事堵点。

“之前水、电、气业务是完全分开的，每项业务都需要填写3张表单。”从2019年11月15日起，江门正式将商品房居民类水电气过户业务纳入不动产综合服务窗口进行“一窗受理”。江门市行政服务中心相关负责人介绍，在以前，群众办理商品房居民类水电气过户，需要提交新旧业主身份证、缴费存折（卡）、购房发票等3套共9份材料，还需要填写水电气共9张表单，烦琐的材料不仅耗费了群众的时间和精力，还消磨了他们的耐心。

了解到群众的呼声后，江门市委、市政府将水电气过户业务列入了“为民服务解难题”清单，由行政服务中心会同供电局、江门融浩水业公司、华润燃气公司等单位，对业务办理场景的每一环节进行解剖分析，着力整合表单，简化办事材料。如今，通过系统共享资料和电子证照应用，行政服务中心将这项业务的提交材料从“9”变“1”，申请人只需要带一张银行卡就可以轻松完成过户手续，免去所有填表烦恼。

第4节
立等可取：办理临时身份证半天到手

“目前，在蓬江、江海所有一门式窗口，其他四市一区城区户政窗口都实现了临时身份证立等可取，申领时间由原来的2天压缩到半天。”江门市公安户政部门深化推进“放管服”和户籍制度改革，在打造“政务服务无堵点城市”工作中取得成效。截至2020年8月，临时身份证立等可取服务已经为超过5.2万名群众提供了便利。

在以前，户政业务审批环节最多要经过6级，时间成本的耗费成为群众办事的堵点。2019年，全市户政部门通过精简受理材料、优化审批流程、健全完善前台统一受理、后台分别录入和审批、统一窗口出件的一站式服务模式，着力提高受理、审核、审批各类户政业务的工作效率。如今，全市户政业务审批环节已经减为最多3级，审批时限整整压缩了一半。

除此以外，大中专学生迁移、随军家属迁移等事项也已经纳入了省内“一站式”范畴，免去了群众来回奔波的麻烦。针对异地高考的学生，市公安局主动与教育部门沟通，明确由各地教育部门收集材料，再统一到公安户政窗口就近审核学生父母居住时长等信息。

“我们在江海区设立了户政业务全城通办试点，将常住人口业务、居住证、身份证、门牌等77个事项纳入其中。”江门市公安局相关负责人介绍。此外，群众还可以通过登录江门公安“邑微警”微信服务平台，完成身份证进度查询、户籍审批查询、流动人口自助登记、居住证申领、小孩出生登记等117项户政业务，真正实现了“让群众少跑腿，数据多跑路”。

第5节
电子签章：解决房屋交易登记“来回跑”问题

“应用电子签章后，房屋交易登记不再收取纸质合同，彻底解决合同反复提交、难以辨别真伪、丢了难补办等烦心事、操心事、费神事、牵挂事。”2019年8月，江门市住建局在全省率先探索房屋买卖合同网签应用电子签章功能，推进江门市房屋交易登记“一证通办”。

此前在合同签订后，房企办理合同备案、预告登记，购房人缴纳税费等业务需要反反复复提交合同。应用电子签章后，通过跨部门、跨层级数据共享和业务协同，合同实现电子化流转，房屋交易登记过程无须再提交纸质合同，提升房地产交易登记政务服务能力。

电子签章让合同真伪不再难辨。“通过应用规范、可信、易用的统一电子印章服务，房屋买卖合同还可以生成查询信息和验证信息真伪的二维码。”江门市住建局相关负责人表示，电子签名杜绝了合同信息造假的可能，购房者再也不用为辨别合同真伪操心。

同时，电子签章功能提高签订合同的效率和准确率。以往，网签一份合同，房企需要打印不少于4份纸质合同，购房人要一一核对，并在相应不下于20处地方签名盖章，还要一一张贴房屋平面附图。如今通过直接读取录入身份证信息、直接生成电子合同附图，房企无须反复打印多份合同、保存过多的纸质合同档案，购房者也不会“签名签到手发酸”。

此外，购房人可在住建部门网站或微信公众号等网上平台，随时随地查询合同信息和备案进度，并下载打印合同，无须再为合同是否备案、合同丢了忧心。

第6节
智能许可：10分钟可拿《食品经营许可证》

“我在平台上刷了脸、填好信息，最后勾选承诺制项目就拿到许可证，操作很简单，关键是不受时间限制。”2020年5月12日，在江门开办餐厅的创业者高泽添拿到了全国首张智能许可《食品经营许可证》。从开始操作到拿证，全程用时约10分钟。

当天，江门市在全国率先上线运行市场监管智能许可平台（简称“智能许可平台”），并发出全国首张智能许可的《食品经营许可证》。这标志着江门在全国率先实现食品经营许可核发、食品经营许可变更、食品经营

在江门开办餐厅的创业者高泽添通过手机操作，拿到了全国首张智能许可《食品经营许可证》（郑琦摄）

许可延续、食品经营许可注销四个事项的智能化秒批。

推进智能化审批，是我国推进“放管服”改革、数字政府改革的重要内容。在食品经营领域，由于市场主体数量庞大、与老百姓民生密切相关，改革所涉及的因素也更加复杂。智能许可平台是江门继推出“微信智能办照”“智能湾区通”后，在“放管服”改革和数字政府建设方面的又一成果。

此前，江门在全省率先探索食品药品许可申请人承诺制改革，将《食品经营许可证》证前核查改为证后跟踪复查。但申请人办理时仍须提交证明材料。改革后，申请人实名登录智能许可平台后，平台根据申请人填报的内容，自动与商事登记数据进行联通，并与黑名单数据库信息进行校验，自动判断申请人是否适用承诺制，自动判断申请人自查是否通过等，最终实现智能化秒批。申请人无须提供任何证明材料。

智能许可平台具有独创性、智能性、普惠性、便捷性、闭环性、社会性等特点。其中，平台还在全省率先建立食品药品企业及其从业受限人员库、失信人员数据库。

智能化秒批意味着办事更便利。江门市市场监督管理局副局长陈明介绍，平台支持现场办理、电脑端办理，还支持微信端、自助终端机、“粤商通”App办理。其中，通过微信申办食品经营许可并符合承诺制要求的，经过在线抓拍人像、朗读承诺、电子签名、活体认证后，即可实现智能化审批。

截至2020年8月底，全市市场主体总量56.3万户，其中食品经营主体35708户。随着智能许可平台的不断拓展，受惠的商事主体数量将更多，范围将更广。该平台将继续上线食品生产许可、食品加工小作坊许可、药品经营许可、医疗器械经营许可、医疗器械经营备案等事项的智能化审批。

第7节

税证联办：不动产登记办税全天候无纸化

2020年5月28日，江门市在全省率先实施不动产一手房登记“线上+自助”税证联办，实现了不动产一手房登记无人工干预智能办税和税证联办，市民“一步不用跑”“一纸不用交”即可体验“秒办”服务。目前，系统已在江门市蓬江区、江海区、新会区实施，很快实现全市覆盖。

为进一步优化营商环境，提升政务服务满意度，江门市政务服务数据管理局联合市自然资源局、市税务局、市住房和城乡建设局，持续发力全市不动产登记集成服务改革，在近年不断压减办理时间、实现24小时出证的基础上，突破缴税信息共享堵点，开发了江门市不动产登记“税证联办”系统。借助电子签章、电子证照、智能计税等数字政府建设成果，该系统成功实现不动产一手房登记无人工干预智能办税和税证联办，实现“一纸不用交”“审批不见面”，“秒办”服务迈上新台阶。

在过去，市民办理商品房登记业务需要“跑腿”税务、住建、不动产登记部门窗口。综合窗口人员将录入的数据和材料推送给税务部门进行人工审批，完税后再推送给不动产登记窗口进行登记。

如今线上办理渠道进一步扩大，申请人可以24小时全天候在江门市内600多台“侨都之窗”自助服务终端机，以及广东政务服务网、“粤省事”微信小程序自助申请，同时办理一手房缴税和登记业务。

在申办效率方面，原来申请人需要到不动产登记和税务窗口办理，耗时约40分钟。应用“线上+自助”智能计税系统进行无人工干预办税后，申请人通过线上自助受理，约10分钟即可完成缴税与办证申请，提速达三倍。此外，申请人可通过广东省政务服务网、“粤省事”微信小程序、江门税务微信公众号、江门税务官方网站、税务自助机、“侨都之窗”自助终端机六大渠道，实现跨地域、跨时空自助办税。

据统计，不动产登记“线上+自助”办税系统自试运行以来，截至2020年5月，蓬江、江海两区一手房契税申报入库8267宗，其中，通过该办税系统办理4733宗，占全部办税比例57.3%，且线上办、自助办比例每月上升，“不见面办税”模式深受欢迎。

“一纸不用交”便捷体验的背后是多系统集成的结果。“税证联办”系统与政务一体化平台、税务金三系统、自然资源部门不动产登记系统、住建交易网签备案系统、存量房评估系统等12个系统对接，引入智能计税功能，实现完税信息、一二手房交易网签备案和不动产权证等4大类不动产信息互联互通。

在2018年5月1日以前，市民办理不动产登记业务要向税务、自然资源、住建部门提交3套31份材料，不动产交易登记集成办理改革后，市民也要提交1套14份材料。现在，“税证联办”系统通过信息共享，实现房屋买卖合同、申请人身份证、户口本、结婚证等电子证照的调用，实现一手房登记“零资料”提交。

依托江门市不动产登记“线上+自助”办税系统，纳税人在线上凭一个网签合同号申请，系统即可通过部门信息共享、对接电子证照库自动获取合同信息、家庭成员信息、权证信息等，完成线上申报、智能审批、线上缴税、自助清缴税款和电子税票服务等办税流程，实现全程无纸化、全自助操作。完税后系统实时将完税信息和电子税票推送到不动产登记部门，申请人“零资料”办税后，即可进行线上办证操作，实现全程无人工干预办税。

江门市行政服务中心房产交易税务窗口往日工作相当繁忙，每天业务量超300宗。平台上线后，除了给纳税人带来新体验的同时，也大大减轻了基层税务人员的负担。税务窗口人员莫笑平表示：“新平台运行以来，纳税人来前台办理的量少了，我的叫号量也少了一半，有更多的时间服务现场纳税人了。而且，线下操作的界面也非常简单、易用、快捷，排队的人少了、办事效率也快了。”

第8节
电子保函：公共资源交易平台服务创新

参加招投标前，企业要申请纸质保函太麻烦？2020年7月，江门市公共资源交易平台在全辖区建设工程交易领域推出电子保函服务，企业可以在线上随时随地办理电子保函，免去来回跑腿的麻烦。

稳住了投资，才能稳住预期工作。从2020年4月开始搭建系统，到7月31日上线服务，平台仅用了不到4个月就推出了电子保函服务，这在疫情期间显得意义深远。江门市公共资源交易中心相关负责人表示，电子保函的上线，大大简化了企业投标的前期流程，为优化全市营商环境，助力企业，尤其是小微企复工复产，做好“六稳”“六保”工作提供了有力的技术支持。

以往，投标企业参加建设工程领域的招投标活动前，需要交纳保证金或者提交纸质银行保函。一种途径是，企业到银行等金融机构办理现金转存，交纳项目资金额的2%作为保证金，金额在几万到几十万元不等。另一种途径是，企业以质押等方式向银行申请纸质保函，因为每家金融机构开具纸质保函的担保条件和管理模式不同，其手续和流程相对烦琐。而在投标当天，企业还需要再“跑腿”一次，向招标单位提交纸质银行保函才可参与竞标。

“这一过程是为了切实保护招标人的权益。”江门市公共资源交易中心技术和监督部工作人员何剑婷介绍，如果企业的投标过程出现违法乱纪的行为，将依法被扣减保证金。

2019年9月，住建部、国家发改委、财政部、人资和社保部、中国人民银行、中国银行保监管委等六部门联合推出《住房和城乡建设部等部门关于加快推进房屋建筑和市政基础设施工程实行工程担保制度的指导意见》，要求推行工程保函替代保证金。在此背景下，江门充分利用“互联网+”和“全市一张网”的优势，开始整体布局电子保函系统的开发。

为塑造清朗的招投标环境，打造便民利企的交易平台，2020年7月31日，江门市公共资源交易平台在全辖区建设工程交易领域推出电子保函服务。该平台与江门农村商业银行股份有限公司、中国人民财产保险股份有限公司江门市分公司、江门市中盈融资担保有限公司开展业务合作，将保险、银行、担保等主体与公共资源交易中心进行跨系统无缝对接，通过数据互通，搭建起“一系统、一体化、一站式”的电子保函开放平台。

在江门市公共资源交易中心网页登录江门市公共资源交易平台，企业按照指引即可足不出户，在线上完成保证金交纳、电子保函开具等手续。这既减轻企业流动资金的压力和负担，也免去了企业来回奔波银行和招标单位的人力和时间成本，实现为民营企业发展“减负降本”。如今，依托“全市一张网”，三区四市的企业都可以“零跑腿”享受到电子保函带来的便利，也为企业在市内跨区域投资创造了更多可能性。

投标企业的身份和数量，是建设工程交易中的重要信息，也是影响招投标结果的关键要素。因此，加密保护投标企业的保函显得尤为重要。

“投标企业在银行办理纸质保函时，不可避免地泄露了身份和参加投标的项目信息。”何剑婷说，在过去，如果在某项建设工程公开招标前，多家企业碰巧在同一家银行办理了保函，那银行就可以获得一部分投标企业的名单。这将加大围标、串标的可能，严重影响招投标过程的公平公正。与此同时，不同银行开具的纸质保函标准不一、真伪难辨，也是令招标单位“头疼”的事情之一。

电子保函的出炉，让纸质保函保密性和真实性的“痛点”得到了解决。依托信息技术，企业在申请电子保函的全过程中无人工参与，投标企业信息在江门市公共资源交易平台、保险、银行、担保等四方主体间“端到端”直联互通，为业务办理过程提供加密功能，确保企业参加投标的时间和项目等信息不泄漏。开标前，电子保函将以密文的形式传输；开标后，江门市公共资源交易平台会对电子保函进行解密，以确认投标公司参与竞标的资格。

除此以外，电子保函信息化、标准化的管理模式还具有真伪验证、全程留痕的优势。不仅方便事后监督，还有效加强了交易监管，指导行业形成自律，激发市场主体活力，为公共资源交易市场打造阳光、高效的交易环境。

第9节
金融赋能：江门银行业助力湾区智慧城市建设

上午9时许，中国建设银行江门市分行（简称“江门建行”）一楼大厅里已忙碌起来。在该行“政银通办”服务专区，一位市民正在工作人员的指导下操作智慧柜员机打印社保证明。旁边的“政银通办”综合服务窗口，两位市民正办理不动产登记业务。“前后不到10分钟，离家近还不用排队，省心又省事。”市民王先生说。

政务服务“马上办、就近办”，这离不开“智慧金融”的赋能。近年来，江门银保监分局积极引导辖区银行机构发挥智慧金融力量，通过推动金融服务和风控手段智能化、改善湾区企业营商环境、提升居民生活便利化程度等方式，助力江门数字政府和民生工程建设，持续展现出银行机构助力湾区智慧城市建设的新作为、新担当。

2020年7月，中国农业银行江门分行网点上线“智慧货架”系统。通过借助网点的多媒体屏幕来模拟“货架”形式，该系统集中展示行内金融产品、周边商户生态圈以及网点金融场景，让原有网点“看不见”“摸不到”的产品和服务，变为可听、可见、可体验、可购买的货品。

不单是农行，江门银行机构正积极进行数字化转型，借助科技手段大力提升智能服务水平，打造建设“智慧厅堂”，让自身网点成为“智慧城市”的企业智能服务新典范。

中信银行江门分行运用人脸识别技术，实现网点VIP客户的无感识别，联动个人CRM（客户关系管理）系统。经分析客户的资产状况、风险级别、理财偏好、金融需求后，该行有针对性地向客户营销产品，在网点电子屏、跑马屏、互动桌面等媒体展示处精准投放个性化营销信息。

除了“智慧厅堂”的打造，“智慧风控”的构建也在为“智慧城市”

“智慧法院”+“智慧金融”便民服务项目落地（江门银保监分局供图）

信息管理引领新方向。在传统风控手段基础上，江门银行机构利用大数据和人工智能技术，强化客户的信息管理和运用，为贷款风险管控提供有效的智慧保障。

比如，中国建设银行江门市分行与不动产登记中心合作，在全省率先打通新一代系统和不动产登记中心抵押登记系统数据，实现线上查询抵押物状态，在提升客户满意度的同时，进一步增强风险防范能力。

助推营商环境优化提升，也是江门银保监分局引导辖区银行机构发力的重点。根据市委、市政府“对标最短企业开办时间，深化营商便利化改革”的要求，江门银保监分局积极助推银行机构与政府建立资源共享、优势互补、快速联动、共建共赢的联动机制。

全国首个智慧柜员机（STM）智能办照、换发系统由建设银行江门市分行与江门市市场监督管理局联合开发。在智慧柜员机上，该系统首次实现为市场主体提供包括商事登记、审批、办照、换发等在内的商事全生命周期智能服务，实现“24小时全天候”“零人工参与”和“不见面换照”。

“我们与江门市市场监督管理局、市政务服务数据管理局合作开发的省内首个对公在线实时预开户系统，仅需30秒即可获得对公结算账户账号。”该分行相关负责人表示，截至2020年8月末，共为159户企业提供线上预约开户服务267次，为67户企业开立对公结算账户57个。

除了推动营商便利化，辖区银行机构也在积极对接政府大数据，打破银企信用壁垒。他们运用大数据技术，联通税务、海关、工商、电网等外部公共信息，为企业精准画像。客户无须提供抵押物且可线上办理，足不出户即可享受信贷资金“自动达”。中小微企业融资的便利性和可获得性也大大提高。

中国邮政储蓄银行江门市分行推出线上“小微易贷”税务融资模式，通过与税务部门深入合作，批量获取小微企业真实的税务信息。同时，该模式根据纳税记录，对企业的经营能力及信用水平进行判断，仅1.5个工作日就能完成业务的受理、审批、支用、放款等多个环节，以信用贷款方式为企业提供资金支持，有效降低企业抵押物不足的融资难题。

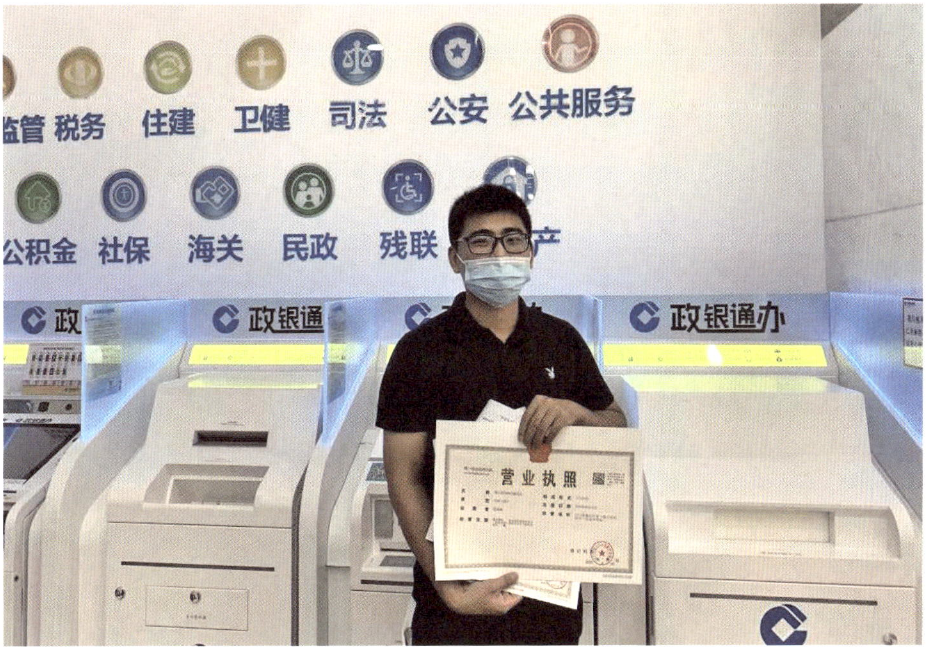

某企业负责人在建设银行江门分行领取由智慧柜员机打印的营业执照（江门银保监分局供图）

中国农业银行江门分行政银通办服务专区（江门银保监分局供图）

江门银行机构还积极与税务部门、公积金管理中心合作，发挥银税合作、银金合作、银关合作优势，打造银税互动贷款、公积金贷款、跨境快贷等产品，拓宽普惠金融覆盖面。其中，以税务数据为基础的“银税互动”贷款惠及4505家小微企业，贷款余额43.98亿元；以公积金数据为基础的“积金闪电贷”累计为1865户居民投放1.61亿元贷款，较好地满足了客户大宗购物、旅游、教育等各类消费需求。

在支付方式上，江门银行业积极与医院、学校、法院、加油站等多个主体合作，根据不同消费场景，创新提供金融服务。

例如，通过兴业银行江门分行的加油无感支付服务，车主只须将专属电子标签贴在油箱盖内侧，在银行App绑定银行卡并开通免密支付，即可享受加油不下车、即加即付即走的无感新体验。广发银行江门分行与江门市中级人民法院共同构建案款“云发放”模式，诉讼人直接通过执行通知书上的二维码就能实现交费，避免诉讼人持通知书另外再转账的麻烦，为全国首创。

第10节
服务湾区：探索政务服务“一窗”“跨城”通办

“服务人员态度非常好，素质很高！”62岁的香港人陈永权回来台山办理不动产业务，在粤港澳大湾区综合窗口，服务人员帮他把个人信息转换成简体字，方便他誊抄，“我自己就可以完成表格的填写，不再需要依赖子女”。

从2019年11月7日开始，台山市行政服务中心新设立了两个粤港澳大湾区综合窗口，为港澳同胞提供“一站式”绿色通道，房屋所有权变更登记、商品房注销抵押登记等50多项高频业务在这里实现了“一窗通办”。

为了优化营商环境，助推粤港澳大湾区发展，江门2019年积极与湾区各城市联动，一方面在行政服务中心增设粤港澳大湾区综合窗口，为港澳同胞服务；另一方面在“侨都之窗”政务服务终端探索跨城通办业务，对接周边湾区城市，打破城市间的政务信息壁垒。

“他们很少回来家乡，所以希望回来的时候能够一次性把几项业务办好。”台山市政务服务数据管理局副局长廖伟新介绍，不少祖籍台山的港澳同胞都会回来办理不动产相关业务。在过去，他们需要分别到住房和城乡建设局、税务局、自然资源局等多个部门办事，“这给每次回来只待几天的港澳同胞带来不少压力”。

针对港澳同胞办理不动产业务排队时间长、准备材料指引不清、多部门来回跑动等问题，台山率先在粤港澳大湾区综合窗口推出不动产交易登记业务办理，并提供配套的咨询导办和资料预审服务。

在粤港澳大湾区综合窗口，20多名熟悉业务的工作人员实行轮班制度，确保为前来办事的港澳居民提供专业到位的服务。阮艳婷就是其中一员。“不动产相关业务审核流程较多，但现在平均只需要40分钟就能办结。”阮艳婷说，这为他们节约了不少办事时间。

急民之所急，忧民之所忧。为了精准对接港澳居民的办事需求，江门先后在市级和各市（区）政务服务大厅设立了大湾区综合服务窗口，为港澳企业和港澳同胞提供咨询导办、资料预审，以及绿色通道服务，大大减少了港澳居民来回奔波多个窗口、多个部门的麻烦。据统计，台山的粤港澳大湾区综合窗口开办一个月，已为港澳居民办理事项32项，办结率达到100%。“我们的目标是让港澳同胞只跑一次，一次办好。”廖伟新说，为民服务解难题始终是政务服务改革的本心，办事效率提升为群众带来了实实在在的幸福。

“未来，我们还会探索与江门三区四市、各个大湾区城市实现联通，使得港澳同胞在台山就能办理大湾区其他城市的业务，在其他城市也能办理台山的业务。”廖伟新说，他们的目标是完善和优化粤港澳大湾区综合窗口的服务功能，把更多与港澳企业和港澳居民生产生活密切相关的事项纳入受理，努力实现更多事项跨域通办。

江佛一家、江佛同城，江门与佛山南海的跨城通办业务最早可以追溯到2016年。当时，南海的“市民之窗”与江门的“侨都之窗”两个自助服务终端实现了跨城通办。在江门，市民凭居民身份证或社保卡，可以在全市任何一台“侨都之窗”自助服务终端办理佛山市个人社保证明打印、社保卡余额查询、完税证明打印、发票查验、粤通卡查询等业务，不再需要跑到佛山。

随着粤港澳大湾区建设的推进，江门继续深化与佛山的政务服务跨城通办合作。如今，市民可以在江门627台“侨都之窗”终端上办理68项佛山市级服务事项，也可以在佛山1000多台终端上跨城通办51项江门市级服务事项。

江门市政务服务数据管理局介绍，江佛两地的自助服务终端覆盖了两地的市、县、镇、村各级服务中心和公共服务站，为广大市民提供24小时全天候政务跨城通办服务，市民可异地办理社保证明打印、完税证明打印、房屋登记结果打印等数十项功能。截至2019年12月初，两地跨城办理业务累计共2247笔，这不仅节省了两地市民办事的时间成本，还拉近了粤港澳大湾区不同城市市民的心理距离。

除了加强与佛山的联系，江门还不断探索与湾区政务服务的新模式，积极联动湾区城市实现跨城通办。2019年9月，江门上线与广州（57项）、东莞（38项）、惠州（14项）、河源（27项）、清远（36项）、梅州（9项）等市的跨城通办服务，为江门营造良好的营商环境，推动江门积极融入大湾区区域经济一体化发展进程。

第二章 多证合一

审批做减法：赋能湾区营商环境提质

2020年8月，中央依法治国办发布《关于第一批全国法治政府建设示范地区和项目命名的决定》，江门市“多证合一”“证照分离”改革项目成为首批全国法治政府建设示范项目。

荣誉的背后，是坚持不懈的改革。近年来，江门市聚焦企业群众办事创业的痛点、难点、堵点，充分运用法治思维和法治方式，以深化“多证合一”“证照分离”改革为突破口，以简约“一纸证照”撬动全方位“放管服”改革，打造市场化、法治化、国际化营商环境，实现改革与法治同向发力。

改革实施以来，江门市场主体发展活力和社会创造力持续激发。市场主体总量由改革前2015年的25.8万户激增到2019年的52.3万户，数量翻了一番。截至2020年8月底，全市市场主体总量56.3万户。

江门也因此荣获“全国小微双创示范城市”称号，并在2018年因商事制度改革、加强事中事后监管成效明显受到国务院督查激励，在法治广东建设考评中获评“法治广东建设优秀城市”。

第1节
法治同向：改革须经合法性审查和决策风险评估

近年来，江门将“多证合一”“证照分离”“双随机一公开”等改革纳入党委政府重点改革任务和重大行政决策事项。所有改革事项必须经过征求社会公众意见、合法性审查和专家决策风险评估，才提交政府常务会议、深改组会、市委常委会审定改革方案。

江门严格按照上级批复和试点授权，抢抓全国小微“双创”基地示范城市、全省“证照分离”改革试点市等契机，主动适应全面深化改革和经济社会发展需要。先后出台《江门市“证照分离”改革事项目录》等10多份政府或部门规范性文件，推动“多证合一”“证照分离”及其他营商便利化改革，使所有改革均在授权范围内推行。

借助信息数据跑路，江门多项改革打破时空界限，再造审批流程。其中，“多证合一”实现信息共享、业务协同、证照整合；在不突破粤港澳三地市场准入制度规则的前提下实行“离岸受理”，极大减少港澳企业办事跑动成本。

同时，转变“重审批轻监管”工作习惯。通过架设信任桥梁，将便利留给企业，倒逼审批部门加强事中事后监管，试行食品药品经营许可等承诺制改革。坚持“放管结合”，推行“以管促放”防控改革风险，于全省率先探索实施“双随机一公开”抽查监管模式，实现通用一个系统“全智慧”集约监管、沿用一套规则“全流程”规范监督、监管一视同仁“全领域”抽查覆盖，监管经验被全省复制推广。

第2节
三个对标：推出275项审批事项分类改革

2017年5月，江门获批全省除自贸区以外、珠三角唯一的“证照分离”改革试点城市，率先在全市三区四市同步全域推行改革，着力在破解准入不准营问题上先行先试。

“在没有商事制度改革地方立法权的情况下，我们对标上级授权、对标自贸区、对标社会关切进行依法、精准、稳步改革。”江门市市场监督管理局相关负责人表示。

在对标上级授权依法改革方面，江门市全面梳理公民、法人或者其他组织能够自主决定，市场竞争机制能够有效调节，行业组织或者中介机构能够自律管理，行政机关采用事后监督等其他行政管理方式能够解决的事项，形成目录清单，经重大行政决策评估、专家论证，推开试点改革。

相比自贸区，江门市虽然在取消审批、审批改备案方面存在一定的政策劣势，但具有经济多元、事权大、地域广的优势。江门对标自贸区精准改革，聚焦市县两级事权和高频审批事项，以告知承诺、优化审批服务为主要改革方式，实施134项后置审批分类改革，审批办理时间、申请材料平均压减近50%、30%。

江门正进一步推动“证照分离”全覆盖试点改革，推出省市两级共275项审批事项分类改革，着力全覆盖破解准入不准营难题。

作为传统食品药品产业大市，江门市坚持“风险可控、逐步放开”原则，率先推行3轮食品药品许可承诺制改革，改革涵盖4大类9个许可事项，成为全国实施承诺制审批事项最多的地区之一。改革使得大量无证小餐饮、小副食店受惠，全面纳入监管。

截至2020年9月底，按承诺制发证的有39742张，后续检查合格率93%，整改合格率99.9%。审批风险总体可控，江门多年来没有出现食品药品安全事故。

第3节
一监到底：率先研发跨层级跨部门抽查系统

为确保市场准入准营“前端”放得开，监管“后端”管得住，江门实施“双随机一公开”监管，在全国率先研发跨层级跨部门市县两级160个部门通用的抽查系统，全域推开跨部门联合抽查。

此外，江门还在全国率先创设222个机构（部门）企业库、事项企业库。收录市场主体50多万家、特殊库企业5万多家，覆盖市场主体和非市场主体。实现监管领域在线全覆盖抽查，构建起“五统一、一促进”监管模式。

在信用联合监管方面，江门依托市信用信息共享平台、政务信息资源共享交换平台，研发上线社会信用联合奖惩平台，建立“信用奖惩、一键搞定”便捷模式，自动推送信用核查信息、匹配红黑名单、嵌入奖惩措施、汇集反馈实施情况。

江门于全省率先在许可审批、政府采购、工程招投标、融资授信等重点领域实施失信惩戒、守信激励，联合法院建立信息查询和互通机制，实现

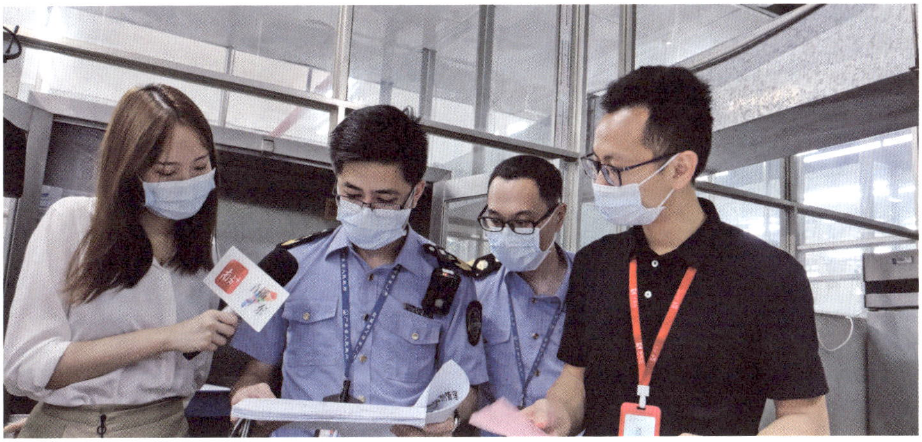

江门聚焦信用风险高的食品安全领域，图为“一监到底”查食安现场执法网络直播活动（戴惠甜摄）

江门聚焦信用风险高的食品安全领域，图为“一监到底”查食安现场执法网络直播活动（戴惠甜摄）

法院线上提取工商信息以及市场监管部门线上提取涉被诉及被执行企业信息。截至2020年9月，全市3.5万家小微企业得到融资扶持，2581家失信企业受到联合惩戒、融资受限，惩治老赖3万多人次。

“我们将检查市场内计量工具的准确性、标识以及摆放情况。”执法人员对市场内的公平秤进行检查，“合格的公平秤，每公斤误差必须控制在10克以内。”在“一监到底”检查中，执法人员前往江海区某市场，除了检查市场内摊档亮证经营、农产品进货凭证、市场管理等食品安全问题外，还对市场内的电子秤进行检查。

2019年4月起，江门聚焦信用风险高的食品安全领域推行“双随机一公开+网络直播”模式，采取你点我查、网选票决、双随机抽查等方式开展“一监到底”查食安现场执法网络直播活动。活动充分征求群众意见，抽查对象通过“双随机一公开”抽查系统随机产生，检查对象覆盖不同类型食品市场主体，并邀请人大代表、政协委员现场全程监督以及热心市民现场全程参观。网络平台全程直播不打码、不中断，检查结果实时公开，问题整改情况也及时向社会公开，实现监管闭环。

第4节
审批提速："智能湾区通"让港澳投资者零跑动

香港居民李巍在2020年3月领到了全国首张"智能湾区通"外商投资企业营业执照。在微信公众号登录系统后，她依次完成填写企业信息、电子签名等流程。完成自主申报后，系统立即进行智能秒批，她当场就在行政服务大厅窗口领到了营业执照正副本。

过去，港澳投资者办公司或亲自到江门办理，或委托他人办理，需要花费一定的时间和交通成本。如今，通过"智能湾区通"可实现"零人工参与""不见面审批""一次不用跑"，手机自助办理、跨境快递上门，港澳投资者安坐家中即可在江门投资开办公司。

2020年2月，江门率先上线商事登记"智能湾区通"，通过对接"一个库"（港澳居民出入境数据库）、梳理"两清单"（市场准入负面清单、外商投资准入负面清单），将微信智能办照延伸至港澳。15家港澳投资企业成功通过"智能湾区通"落户江门。

江门是著名侨乡，在全市5706家外商投资企业中，属港澳投资的企业占了62.5%。将"商事登记+智能审批"改革延伸到港澳地区，有效破解了离岸办照难、来回跑等问题，极大方便了港澳同胞回江门创业。"我们港澳居民在家里就可以办营业执照，通过邮政快递方式领取执照，又快又方便。"

事实上，在积极融入粤港澳大湾区建设方面，江门主动在粤港澳大湾区商事规则互联互通上先行先试，率先在全国实现一般外资外贸企业证照全面整合和商事登记、外资备案、税务跨境离岸办理，港澳投资者在港澳本地即可申领江门执照、外资备案和办税，60多家港澳资企业通过离岸办理方式落户江门。

此外，江门大力推进审批事项"网上办"，着力打通公安、市场监管、税务、银行等部门数据共享渠道，开办企业实行“一窗办、一网办”。2019年5月，江门全面实现开办企业1天办结。近年来，随着流程环节、信息化程度逐步优化，开办企业便利度逐年大幅提升，开办企业时间从2017年13.9天、2018年3.39天、2019年0.39天压缩至2020年上半年0.08天。

第三章 政银通办

江门332个银行网点开通“政银通办”服务
打造市民身边的“政务服务大厅”

“三区四市332个银行网点，80多项政务服务，江门将政务服务综合窗口延伸至银行。”2020年7月2日，江门市政务服务数据管理局联合市金融工作局，携手5家银行开通“政银通办”服务，打造市民群众身边的“政务服务大厅”。

A II 02 江门观察 关注

南方日报

江门332个银行网点开通“政银通办”服务，80多项政务事项可在银行办

打造市民身边的“政务服务大厅”

“三区四市332个银行网点，80多项政务服务，江门将政务服务综合窗口延伸至银行……”7月2日，江门市政务服务数据管理局联合市金融工作局，携手5家银行开通“政银通办”服务，打造市民群众身边的“政务服务大厅”。

这是江门推进数字政府建设取得又一重要成果。在“政银通办”服务专区，通过智能柜员机、“侨都之窗”自助服务终端或综合服务专窗，市民可办理住房公积金、社保、人社、医保、公安、不动产、卫健、民政、残联、营业执照、银税互联自助办税、司法仲裁事项等80多项政务服务事项。

据介绍，到2020年底，江门各银行的“政银通办”服务专区将增至500个，可办理政务服务事项的柜员机将超过900台。市民可就近到“政银通办”服务专区办理100项以上高频政务服务事项，逐步织密“政银通办”覆盖网。

80多项业务可在银行办理

打通便民服务“最后一公里”

提供更高质量的“政银通办”服务

“政银通办”服务专区设立了综合服务窗口，为市民提供更便捷的政务服务。 任龙 摄

案例

中国建设银行江门市分行：

建成24小时“不打烊”政务服务专区

服务专区将在三区四市开设

“政银通办”服务事项达145项

市民可通过智能柜员机等设备自助办理80多项政务事项。 任龙 摄

五邑新论

江门“政银通办”是广东数字政府建设的典型经验

体现政府与社会深度合作

“政银通办”具有多重价值

“政银通办”值得普遍推广

2020年7月7日《南方日报》AII02版报道截图

这是江门推进数字政府建设取得的又一重要成果。在“政银通办”服务专区，通过智能柜员机、“侨都之窗”自助服务终端或综合服务专窗，市民可办理住房公积金、社保、人社、医保、公安、不动产、卫健、民政、残联、营业执照、银税互联自助办税、司法仲裁事项等80多项政务服务

事项。

到2020年底，江门各银行的“政银通办”服务专区将增至500个，可办理政务服务事项的柜员机将超过900台。市民可就近到“政银通办”服务专区办理100项以上高频政务服务事项，逐步织密“政银通办”覆盖网。

第1节
便民惠民：80多项政务事项可在银行办理

连日来，江门“政银通办”服务持续受到市民关注和热议。对于这一新兴的便民服务，有人点赞，也有人表示疑惑——什么是“政银通办”？它能为百姓群众带来哪些实实在在的便利？

2020年7月2日9时许，中国建设银行江门市分行一楼大厅里已忙碌起来，在该行“政银通办”服务专区，一位市民正在工作人员的指导下操作智慧柜员机打印社保证明。旁边的“政银通办”综合服务窗口，两位市民正办理不动产登记业务。

市民王先生刚办完公积金提取业务，他十分看好“政银通办”服务，“前后不到10分钟，离家近还不用排队，省心又省事，会向朋友推荐，让

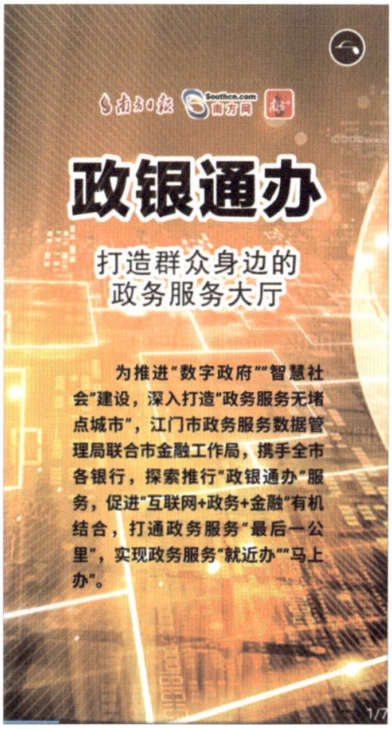

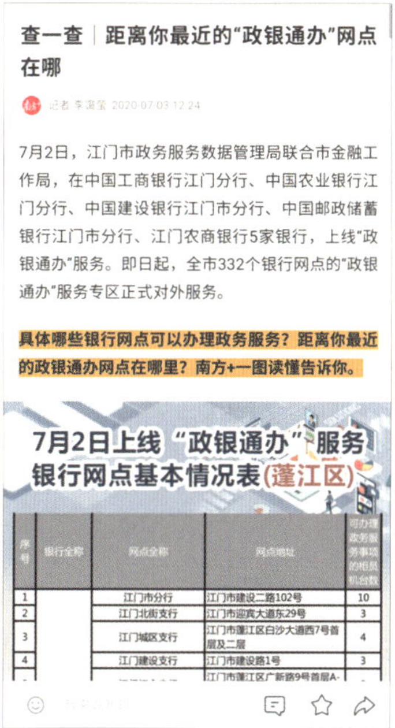

2020年7月3日“南方+”客户端截屏

更多人享受这一便利”。

刚拿到营业执照的陆先生也表达了同样的看法，他介绍说，自己准备开一家餐具店，此前已向有关部门提交了资料，通过审核后准备去江门市行政服务中心办理营业执照。“前两天听朋友说，银行也可以办，今天过来试试，结果只花了一分钟，营业执照就拿到手了。”

“简单来说，‘政银通办’就是银行既能提供金融服务，也能提供部分政务服务。”该行“政银通办”服务专区一位工作人员解释说。如今，市民在离家最近的银行网点就能享受高质量的政务服务，也可以在办理银行业务时顺道办理政务事项。

“政银通办”服务正成为越来越多江门市民的选择。截至2020年9月，在全市380个银行网点的“政银通办”网点，可办理超过100项政务服务事项。这些业务大致可分为两大类：一是基础性业务，此类业务走进银行

“政银通办”服务推动江门市银行机构服务再升级（任龙摄）

“政银通办”服务专区，可有效拓宽办理渠道，进一步方便市民；二是与银行业务密切相关的政务服务，需要政府部门和银行机构协同联动，才能完成办理。

“第二类业务往往需要市民分别到银行和政府部门办理，群众办事至少跑两次，一次去行政服务中心，另一次去银行，这与银行机构的业务规范密切相关。”前述工作人员介绍，办理银行业务，多数情况要遵循“三亲见”原则，即亲见本人、亲见身份证等证明资料的原件、亲见本人签名。这是银行办理业务的合规要求，更是保护市民的有力武器。

“政银通办”服务打破了市民“跑两边”的局面。通过政府与银行的深度合作，把行政服务功能延伸到银行，让数据多跑一次，市民少跑一次。“原来的办理模式中，市民、政府部门、银行犹如一个三角，现在则成了两点一线，市民就近到银行网点一次就能把业务办完。”

第2节

政银联合：打通便民服务“最后一公里”

让数据多跑腿，市民群众办事“少跑腿”“只跑一次腿”，是“政银通办”服务的优势之一，也体现了江门市大力推进数字政府建设的初心。

2019年发布的《江门市数字政府建设总体规划（2019—2021年）》提出，江门数字政府的建设目标是建设数字政府智慧大脑，搭建“网购式”政务服务大平台，实现跨层级、跨地域、跨系统、跨部门、跨业务的协同管理和服务，全面提高政府现代化治理能力。近年来，江门政务服务迈向数字化、智慧化，探索“政银通办”服务，打造市民身边的“政府服务大厅”，正是基于这一大背景进行的一次有益尝试。

2020年以来，为进一步拓宽政务服务渠道，提高办理质效，江门市政务服务数据管理局联合市金融工作局，携手中国工商银行江门市分行、中国农业银行江门市分行、中国建设银行江门市分行、中国邮政储蓄银行江门市分行、江门农商银行的332个银行网点探索实施“政银通办”服务，进一步深化“互联网+政务+金融”服务。

银行也能办政务服务！江门332家银行网点开通“政银通办”

7月2日，江门市政务服务数据管理局联合市金融工作局，在中国工商银行江门分行、中国农业银行江门分行、中国建设银行江门市分行、中国邮政储蓄银行江门市分行、江门农商银行5家银行，上线“政银通办”服务。即日起，全市332个银行网点的“政银通办”服务专区正式对外服务。

市民在银行的不动产登记服务专窗办理业务。

“在家附近就可以办理政务服务，不用去行政服务中

2020年7月2日“南方+”客户端截屏

“政银通办”借助了5家银行的渠道优势和服务优势，为市民提供高品质的政务服务。其中，中国工商银行江门市分行利用各网点共300台智慧柜员机，累计已开通93项政务服务。中国建设银行江门市分行将145项政务服务引入银行网点，其中84

不动产登记是“政银通办”综合服务窗口可办事项其中之一（任龙摄）

项高频政务服务嵌入各个网点229台智慧柜员机，并在重点网点推出24小时“政务+金融”服务区。中国农业银行江门市分行发挥全市各网点遍及城乡的资源优势，覆盖七成以上乡镇、村居单位，打造便民服务“最后一公里”。中国邮政集团有限公司江门市分公司和中国邮储银行江门市分行相继开通“政邮”“警邮”合作便民服务点。江门农商银行在各网点超级柜台正式上线政务服务功能，包含人社、公安、民政等48项业务功能……面对如此丰富的办理网点，市民只须登录“粤省事”小程序的“地市特色”栏目，查看所有“政银通办”服务专区分布情况，就能迅速查找出距离最近的政务服务办理地点。

中国建设银行江门市分行党委委员、副行长彭永亮表示，“政银通办”服务依托江门市数字政府建设成果，充分利用银行网点辐射范围和智能服务终端分布宽度优势，实行“政务服务进银行网点”工作，拓展政务服务受理渠道，打通政务服务“最后一公里”，把银行网点的“政银通办”服务专区打造成市民身边的“政务服务大厅”，真正实现政务服务“就近办”“马上办”，全面提升企业、群众的满意度和获得感。

第3节
升级服务：提供高质量“政银通办”服务

江门各大银行网点“政银通办”服务专区，既有先进的智慧柜员机等设备，也配套设立专门的综合服务窗口，现场还有专门的工作人员指引，提高办理效率和服务质量，让不少来办事的市民直呼“贴心”。

“在银行的不动产登记服务专窗，我完成了所有手续的办理，可以回家等候房产证邮寄到手。”市民韦雄健在“政银通办”服务上线当天，办理了不动产登记手续。

他对“政银通办”服务感到十分满意：“有专门的窗口，服务好效率高，离家也近，不用大老远去行政服务中心排队等候，特别方便。”

“政银通办”服务也推动了江门市银行机构服务再升级。一方面，5家银行通过优化升级或引进新设备，使智能设备能应用到更多政务服务场景中。另一方面，通过设立综合服务专窗，进一步契合群众办事需求。在首批设立的“政银通办”服务专区，江门市政务服务数据管理局携手市自然资源局、市住房和城乡建设局、市税务局，率先将全国首创的不动产登记税证联办模式前移至银行网点的“政银通办”服务综合窗口。

通过“政银通办”服务，市民可将商品房银行贷款业务与商品房交易登记手续一并在银行办理，实现贷款交税交易一条龙服务。同时，依托江门市不动产登记“税证联办”系统，市民可以通过采用不动产交易合同电子签名、交易智能计税等创新方式，享受到税证联办“一步不用跑”“一纸不用交”、全流程申报只需10分钟的办理体验，真正实现“办事少跑腿”“资料零提交”。

不动产登记是“政银通办”综合服务专窗可办事项的其中之一。据统计，截至2020年6月，江门已在具备条件的65个银行网点设立“政银通办”

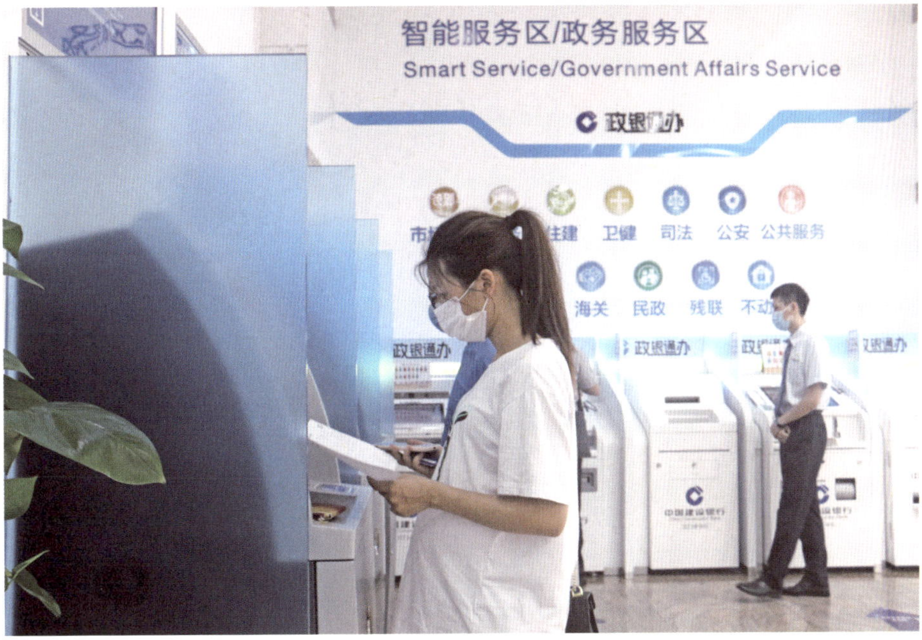

到2020年年底，江门各银行的“政银通办”服务专区将增至500个（任龙摄）

服务综合窗口，将与银行业务关联度高的政务服务事项前移至银行柜台，为市民免费提供“家门口”的便捷政务服务。

此外，为保证“政银通办”服务质量，江门政银合作各方就委托代办工作签订了详尽的工作协议，共同制定“政银通办”服务专区管理制度，统一各类业务办理流程、操作规范及窗口服务标识，保障“政银通办”业务在各银行网点实现无差别受理。

第4节
深度体验：24小时“不打烊”的服务专区

中国建设银行江门市分行作为江门首家签署《助力数字政府战略合作协议》的金融机构，已落地项目21个。截至2020年9月，该行可办政务服务事项已达145项，其中在三区四市73个网点229台智慧柜员机嵌入线上办理事项84项，让群众真正享受到数字政府改革和“互联网+政务服务”带来的便利。

在首批上线“政银通办”服务专区的银行中，江门建行备受关注，除了设立“政银服务”服务专区和综合服务专窗，该行还特别设立24小时“不打烊”的政务服务专区，这是江门设立的首个24小时“政银通办”便民专区。

“设立24小时政务服务区域就是为了方便广大市民。”江门建行渠道管理部总经理张琳介绍，考虑到白天上班时间很多市民要工作，下班空闲时间银行又无法办理相关服务，有时甚至为了一件小业务专门请假办理，十分不方便。“为此，银行专门设立了该服务专区，让市民下班后也能随时根据需求办理相关业务。”

江门建行24小时政务服务区，通过赋能自助银行，加载政务事项，让市民办事更自由、更轻松、更高效，打破“5×8”小时工作时间限制，享受“7×24”小时“不打烊”服务。“不管什么时候都能随到随办，真是太方便了。”市民刘先生体验该服务后评价道。

张琳表示，考虑到场地和设备等条件，目前江门建行暂时只设立了两个24小时政务服务区。接下来将加快推进，力争在三区四市各重点网点开设，为更多群众带来便利。

设立24小时“政银通办”服务专区只是江门建行的亮点之一。近年来，该行先行先试，积极探索，助力江门推进数字政府建设，将高频政务服务事

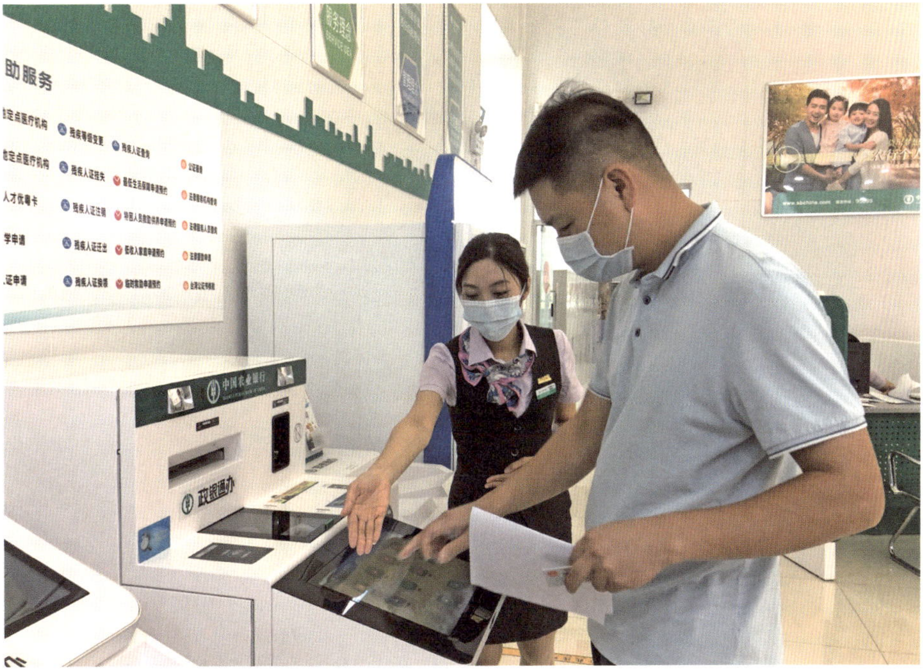

市民在银行办理“政银通办”事项（任龙摄）

项接入建行智慧柜员机，充分发挥银行网点渠道优势，有效打通市民办事“最后一公里”。

一方面，该行依靠金融科技力量，不断探索“政务+金融”服务新举措，落地项目21个。其中，全国首创智慧柜员机（STM）智能办照系统，实现营业执照“即办即批即取”，目前可办政务服务事项已达145项。

另一方面，推进政务服务与智慧柜员机结合的同时，该行还加大资源投入，开设“政银通办”服务综合服务窗口，如不动产登记服务专窗、机动车抵押解押便民专窗、社保卡即时补发卡专窗等，通过把与银行密切相关的政务服务引入银行，开设服务专窗，让群众到一趟建行就能办两件事，提高办理效率，减少群众的麻烦。

据统计，2020年上半年，该行办理13大类政务服务累计超过6万笔，其中社保业务2万多笔，涉税业务7000多笔。

“‘政银通办’服务依托政府的服务功能和银行网点的渠道功能，为市民提供高效便捷的服务，是江门建设数字政府的一项重要成果。”江门建行党委委员、副行长彭永亮表示，接下来，该行将进一步与政府加强合作，推动“政银通办”服务迈向更高层次，为江门市民提供更高效、便捷的优质服务。

第5节
权威点评：“政银通办”是广东数字政府建设典型

江门市政务服务数据管理局联合市金融工作局，在中国工商银行江门市分行、中国农业银行江门市分行、中国建设银行江门市分行、中国邮政储蓄银行江门市分行、江门农商银行5家银行，上线“政银通办”服务。即日起，江门332个银行网点的“政银通办”服务专区正式对外服务。

“政银通办”是江门市建设数字政府取得的最新成果，也是广东数字政府建设的典型经验。

在公共基础设施建设中，有一种建设模式叫作PPP（Public-Private Partnership）模式，即政府和社会资本合作的一种项目运作模式，这种模式可以实现政府与社会资本的互利互惠，合作共赢。

“政银通办”的做法尽管还不是典型的PPP模式，但是也具有PPP模式的类似特征。在“政银通办”中，银行代表的是社会力量，政务服务进入银行服务专区，让银行成为提供公共服务的场所，具有了一定程度公共服务的性质。因此，“政银通办”体现了一种政府与社会的深度合作。通过这种合作，政府的公权力嵌入到社会场所，而社会力量成为公权力的重要辅助力量，扮演着重要合作者的角色。

“政银通办”具有多重价值。

第一，便民性。银行网点一般分布在居民区周围，通过“政银通办”办理各种政务服务，意味着老百姓在去银行办事的同时，就可以办好自己需要办理的政务服务事项，带来极大的便利性。江门首批332个“政银通办”服务专区，已经可以实现服务网点在全市的广覆盖，让老百姓在身边即可享受到高质量的政务服务。随着“政银通办”服务网点逐步织密，老百姓办事将更加便利。

第二，经济性。一方面，“政银通办”对于政府来说具有极大的经济性，政府不需要另外投入去建设政务服务中心或者设施，就可以实现自身网点的广泛延伸。这可以节省很大的一笔成本。另一方面，对银行来说，老百姓到“政银通办”服务专区办理政务事项的同时，也可能会同时办理银行的相关业务。这意味着“政银通办”可能为银行带来更多的顾客流量，也可能会带来更多的业务量。所以，“政银通办”一方面可以节省政府成本，另一方面又可以为银行增加创收的可能性，是互利共赢的大好事。

第三，高质量。为保证服务质量，江门“政银通办”的合作模式，是共同制定“政银通办”服务专区管理制度，统一各类业务办理流程、操作规范及窗口服务标识，保障“政银通办”业务在各银行网点实现无差别受理，这样就可以保障来“政银通办”服务专区办理事项的老百姓，享受到高质量的政务服务。

江门“政银通办”的实践经验，是广东省数字政府建设的又一典型经

银行“政银通办”便利了市民生活（任龙摄）

验，值得普遍推广。无论从技术难度，还是从经济投入看，“政银通办”相比传统的政务服务已经前进了一大步，经验推广具有很高的可行性。

当然，从理想的角度来看，“政银通办”还有很大的发展空间。一是服务内容全面化。目前“政银通办”覆盖80多项政务服务事项，以后会拓展到100多项，如果能够覆盖所有的政务服务事项当然是最好。二是服务网点全覆盖。目前服务专区已经有332个，年底将拓展到500个。尽管这已经是很大的成效，但是如果能够覆盖所有的银行服务网点，自然是最好了。只要有ATM机的地方，就有“政银通办”的服务网点，那样，老百姓办事也不用去考虑哪里有服务专区哪里没有了。当然，理想和现实总是有一段距离，我们对未来保持美好的期许——伴随地方政府政务服务创新经验的增多，老百姓到政府办事的体验能够越来越好。人民对美好生活的向往，也能够在“政银通办”中实现。

[作者陈家刚，系中共广东省委党校（广东行政学院）行政学教研部主任、教授、硕士研究生导师、青年岭南学者]

第四章 区市探索

2020年是江门市实施数字政府综合改革试点工作攻坚克难、决胜之年。作为广东省数字政府综合改革试点城市，江门正着力深化“政务服务无堵点城市”行动，运用数字化手段的巧劲，为基层治理装上“智慧大脑”，努力提升企业、群众的满意度和获得感。

自2019年启动以来，江门市“为民服务解难题·政务服务无堵点”观察团已陆续走访江门多地，考察各部门在打造“政务服务无堵点城市”过程中取得的成效和进步，并就群众和企业的办事难点和痛点提出了许多建设性意见。近日，观察团深入到多个区（市），了解基层数字政府改革情况，发掘改革亮点，梳理改革经验，助力解决群众、企业更多操心事、烦心事、揪心事。

A‖04—05 江门观察 关注

江门三区四市多线发力，疏通基层政务服务堵点

数字政府给基层治理装上“智慧大脑”

蓬江篇 打造集约、整合、智能、高效政务服务新大厅

一事一窗一次办 企业群众更省心

鹤山篇 中国建设银行鹤山支行：

全面实施政银通办 落实落细便民惠企

新会篇 政务服务围绕经济做文章，鼓起企业群众“钱袋子”

政策补贴提速 线上交易公平

台山篇 行政服务中心实行容缺受理制度，推动资源下沉

制度创新让群众办事更省心

恩平篇 率先在江门实现工程建设项目审批全流程网上办

办事零见面 效率大提升

2020年9月15日《南方日报》AII04、AII05版报道截图

第1节
蓬江区：启用集约、整合、智能政务服务大厅

2020年9月21日，走进江门市蓬江区行政服务中心和环市街道公共服务中心新址，咨询导办区、申报辅导区、休息等候区等一目了然。不少群众正在工作人员的指导下填写资料。蓬江区新行政服务中心已有1个市直部门、24个区直部门的290项自然人事项、820项法人事项进驻办理，包含综合窗口、工建综窗、公安窗口及税务窗口等，服务范围覆盖蓬江全区70多万市民和10万多家市场主体。企业和群众办事只须进一次门，在一个窗口，交一次资料。

近年来，蓬江不断深化政务服务改革。2015年，蓬江在江门全市先行先试，先后在6个镇街建立公共服务中心；2016年，蓬江政务服务进一步延伸至133个村居，区法人一门式服务中心建成并投入使用，同年，蓬江获"全国行政服务改革示范城区"称号；2017年，蓬江区法人一门式改革获评"中国十大民生决策"；2019年，蓬江实现开办企业一日办结，法人窗口进驻各镇街中心，实现法人、自然人业务"只进一扇门"；2020年，为进一步提升政务服务效能，蓬江启用新行政服务中心，打造集约、整合、智能、高效的政务服务新大厅。

群众办事进多门、找多人、登多网、跑多次等痛点如何解决？政务资源一体化让群众办事更便捷。蓬江区行政服务中心大厅增加18个窗口，完善专业窗口设置，推出"工建综窗"，实现水电气等市政公用服务事项"一窗受理""一网通办"；完善"大湾区一站式综窗"，推出针对港澳人士来蓬江创业生活就业的主题服务，打造集约、整合、便民高效、有利于提升城市品质的政务服务中心。

通过"一门整合"，蓬江区行政服务中心还实现所有事项"一窗通

办”。蓬江区政务服务数据管理局相关负责人介绍，服务中心窗口服务采用前台综合受理、后台分类审批、综合窗口出件的“一窗受理”业务运作模式，将多个业务部门的政务服务事项进行“一门整合”，统一以综合窗口对外通办。这样的业务模式极大提升政务服务资源的利用效率，彻底解决部门之间循环证明问题，实现政务服务从“多门”到“一门”，“多窗”到“一窗”集中，企业群众跑窗口次数平均缩减80%。同时，蓬江也统一各级服务平台，实现市、县、镇、村四级政务服务“一网通办”、法人与自然人“一体融合”。

为最大限度减少各类申请材料反复提交，为企业减负添活力，为群众办事增便利，蓬江还为政务服务事项“摸家底”。

按照“无法律依据的不再列入材料清单、前面流程已收取的资料不再重复提交、可部门推送的资料不再需要提供循环证明”三个原则，蓬江对各职能部门的政务服务事项进行全流程再造。具体包括：所有事项均明晰具

市民在蓬江区行政服务中心办理业务（戴惠甜摄）

市民在蓬江区行政服务中心办理业务（戴惠甜摄）

体受理条件、收件标准，有据可循；所有事项均列明部门审查要求，公开透明；所有事项均承诺比法定时限短的办结时限，提效提速。

通过事项梳理、流程再造、制定统一规范的办事指南和业务手册，蓬江已实现审批事项清单化、审批流程标准化、审批流转数据化、审批过程透明化，使受理与审批彻底分离又互相监督，审批全过程公开、电子化留痕、超时预警，绩效监察可追可溯，确保了权力运行的透明化、标准化。数据显示，蓬江区已梳理出18个部门标准化政务服务事项1000多项，企业群众提交资料平均压减达55%。

“当前，行政服务中心受理业务还实现了受审分离，为企业和办事群众带来多重好处。”上述负责人介绍，“一窗式”受理和审批分离，不仅能提高窗口统筹利用效率，大幅度缩短办事群众等待时间，提高行政效能，还能杜绝人为因素影响，把好入口关，预防审批人员不作为、乱作为现象，避免腐败发生。

走进蓬江区行政服务中心24小时自助服务区，出入境自助办证一体机、社保自动服务终端、第二代居民身份证自助申办终端、“侨都之窗”等设备让市民24小时都可以便捷办理业务。

蓬江还把24小时自助服务扩展至全区。结合具体应用情景，蓬江在医院、商业综合体、金融机构等场所投放了150台“侨都之窗”自助服务终端，可跨区跨市办理多个部门业务。蓬江还在多家银行网点设置“政银通办”服务专区，使政务服务向广大城乡银行网点延伸。

政务服务不仅能线下办，还能线上办。深度融合“互联网+政务服务”，蓬江已实现12个部门300多项高频事项全流程网上办。同时，蓬江还大力推动微信智能办，全流程智能化审批，快递送照上门，真正做到“秒批”“一次不用跑”。办理方式从线下单一窗口受理模式到24小时云服务+窗口受理线上线下全方位一体化服务，申请资料从反复提交向数据共享的转变，变“群众跑”“跑部门”为“数据跑”“系统转”。

第2节
新会区："三个十条"实施平台做好政务服务

2020年9月，新会"黄金十条"最新一批申报兑付奖励资金正式发放，14家企业累计获得800多万元奖励。与以往的流程有所不同，这次兑付用上了2020年6月上线的政策兑现系统，各审批部门通过平台实现并联审批，提升了政策兑付的效率。

基于江门关于数字政府建设的部署要求，新会区围绕政务数据信息化转型，建立"三个十条"政策实施平台，搭建农村"三资"交易网络平台，先后推出"最多跑一次""交地即交证"等多项便民便企改革，在优化本地营商环境、保障基层群众利益方面取得了突出成效。

"不用额外提交材料，奖补直接打到了公司的账户里。"江门市桥裕纸业有限公司（下称"桥裕纸业"）是崖门镇的大型企业之一，2020年疫情期间，公司如期收到了"黄金十条"自动兑付的奖励。该公司总经理苏锦华认为，这是一针强心剂。"不仅降低了企业的运营成本和复工压力，更重要的是给予我们迎难而上、共度时艰的勇气。"

"黄金十条"对招商引荐、新项目落户、科技创新等企业发展全过程进行扶持奖励，是当地历年额度最高的企业奖励政策，每年最高安排奖励资金2亿元，部分重点单项奖高达1000万元。为配合这一政策高效落地，2018年新会区创新实施自动兑付模式，政府部门通过大数据对碰核实，筛选出符合资格的企业，最后直接通知企业领取奖励。

从过去的审批把关变为主动服务企业，自动兑付模式免去了企业反复提交审核材料的麻烦，也解决了企业因为不熟悉申报流程而错失奖补的问题。在自动兑付实施的第一年，新会有156家企业获得奖补，累计金额超过5000万元。在此模式下，"黄金十条"优化营商环境的功能得到了充分释

疫情期间，桥裕纸业如期收到了“黄金十条”自动兑付的奖补（杨兴乐摄）

放，同年，新会成功引进超亿元重大工业项目31个，总投资达192亿元，多项经济指标领跑全市。

自动兑付的背后，曾是该区税务局、科工商务局、生态环境局等相关部门串联审批的烦琐与费时。新会区政数局政务服务管理股股长赵耀雄说，各部门需要人工比对、审核多项数据，一个部门完成复核再交给下一个部门，中间消耗了人力，也减慢了兑付速度。

为破解这个痛点，2020年6月，新会自主搭建起政策兑现系统，通过共享部分数据库，各部门可在同一时间进行数据审批，变串联审核为并联审批，使“黄金十条”奖补资金实现“达标即付”。赵耀雄说，审批完成后，系统还可以自动计算奖补金额，大大提高了政策兑付的效率和准确性。数据显示，政策兑现系统启用以来，已经为104家企业自动兑付“发展贡献奖励”超3000万元。

以大数据手段助力优化营商环境，新会除了为政策奖补提速，还搭建

“亩产效益”评价大数据平台。该平台将引入优质企业，通过数据直观反映项目亩均产出的效益和能耗，逐步淘汰“散乱污”企业，推动生产要素向高效益企业集中。

2020年9月初，古井镇官冲村一处鱼塘在新会区农村集体资产资源网上交易系统（下称“交易系统”）上成功发包。村民李先生以15200元/年的价格竞得项目，比起拍价高出4800元/年，成为系统当天溢价率最高的项目。

在过去，“三资”（即农村集体经济组织的资金、资产、资源）管理不规范，发包金额长期处于低位，曾经是集体资金流失、村民分红收入减少的重要原因。为了加强农村集体资产资源管理，2020年2月28日，新会区政数局和区农业农村局等部门联合上线了交易系统，农村集体资产交易公开招标、在线竞投、合同签订等全流程皆可在网上完成，标志着新会在江门率先进入农村“三资”管理数字化时代。

“每次村里举行招标会，黑恶势力都会派人坐在会场里。”沙堆镇梅阁

疫情期间迎难而上、恢复生产的桥裕纸业（杨兴乐摄）

村村民耀叔对交易系统上线深有感触。在扫黑除恶专项斗争开展以前，梅阁村的"三资"管理在"黑手"的操纵下乱象频出，围标串标等暗箱操作行为时有发生。有的村民因为害怕受威胁不敢投标，项目往往以最低价格被黑恶势力收入囊中。"现在这个系统可以看到交易全程，公平多了。"耀叔说。

招标会从"田头"搬到了网上，使得交易过程更加阳光透明。新会区农业农村局农村财务管理办公室负责人坦陈，线下招标会不可避免受人情因素的影响，村民出价时可能有所顾虑，也增加了围标串标的风险。例如，得知自己的亲戚要竞投同一个项目，村民有可能会放弃投标。在交易系统上，只有当该竞投号中标后，系统才会公布中标单位（人）的信息。此外，身处外地的竞投意向人只须在电脑前就可以完成竞投，消除了空间的限制，为农村集体资产资源保值、增值提供了更大空间。

截至2020年9月，交易系统累计共发布交易项目1100多宗，成功交易项目平均溢价率达31.01%，成交金额总溢价510万元。通过网上交易的项目正在激增，相关部门、镇街和业主单位也对交易系统提出了更高的用户需求。

新会区将对交易系统进行功能拓展，通过研发手机App，让投标单位（人）不受电脑设备的限制，随时随地参与网上交易。其次，交易系统将实现对失信人员的名单管理，限制不良竞投人参与竞投，加强网上交易秩序的维护。同时，交易系统将接入农村财务监管平台，实现数据互联互通，完善"三资"闭环监管。

第3节

台山市：政务服务“容缺受理”提升审批效率

“经营范围填写不准确，需要修改，根据我们的容缺受理制度，可以先给您办理，之后补一份新材料即可。”2020年9月11日上午，台山市行政服务中心和平常一样忙碌，台山市民王女士正办理商事登记业务，虽然其中一份材料有误，但并未影响办理进程。“多亏了容缺受理制度，不然还得多跑一次。”王女士说。

王女士提到的容缺受理，是台山市行政服务中心进一步深化“放管服”改革，优化审批流程，提高审批效率的重要举措。2020年8月，台山市行政服务中心试行政务服务容缺受理制度，梳理首批可容缺受理事项共84项，加快推进“最多跑一次”改革，让市民群众和企业办理更省事、更省心。同时，该中心积极推动资源下沉，将不动产登记业务下放到各镇公共服务中心，进一步实现数据多跑路，群众少跑腿。

不少市民群众有过这样的经历，到行政服务中心办事，生怕漏材料、材料不规范或出现文字错误，尤其一些外地企业，专门请一天假到台山办事，发现其中一份材料不规范或不合规，重新跑一次要耽误几天时间……如今，台山市民群众不再为这些事情烦心，这得益于该市率先在江门地区试行政务服务容缺受理制度。

什么是容缺受理制度？“简单来说就是一种应急机制。”台山市行政服务中心有关负责人解释说，市民群众来办事，基本条件具备、主要申请材料齐全且符合法定形式，但次要条件或申请材料欠缺，只要作出相应承诺，则可先予受理，当场一次性告知需要补正的材料、时限和超期补正处理办法，并进行审查办理许可手续。“补正全部材料后，在承诺办结时限内及时出具办理结果意见，颁发相关批文、证照。”

台山市行政服务中心已办理多宗符合"容缺受理"要求的业务（任龙摄）

为推行容缺受理制度，台山市行政服务中心曾多次向税务、人社、自然资源、住建、交通运输、卫健、市场监管等部门征求意见，共同设计、完善符合台山实际的容缺受理制度。另外，该中心还对窗口服务人员开展专题培训，确保其熟悉容缺受理流程和制度内容，进一步提高办理效率。

2020年8月，《台山市政务服务容缺受理制度（试行）》正式印发，首批梳理出84项可容缺受理事项，并对容缺受理的概念、适用范围、事项清单管理、受理规则等内容作了解释和规定。该中心通过政府网站、实体政务大厅公共宣传平台滚动播放、印制宣传资料供群众取阅等方式开展宣传工作，加大对群众的指引力度，提升群众知晓率。

政务服务容缺受理制度的落实有效推动"最多跑一次"改革。以群众办事漏带材料为例，如果符合可容缺受理事项范畴，群众作出申请容缺受理承诺后，前台工作人员可先行受理，允许后补材料，避免群众来回跑动，大大节约办事成本。截至2020年9月，台山市行政服务中心已办理容缺受理

翁女士在水步镇公共服务中心拿到了心仪的“红本本”（任龙摄）

业务148宗，得到办事群众的高度肯定。

台山市行政服务中心有关负责人表示，该中心将继续全面提升服务效能，“纳入更多可容缺受理事项，加强监督管理，强化宣传引导，收集群众反馈意见，不断优化服务，让改革成效真正惠及广大群众，切实提高群众对政务服务工作的满意度。”

2020年9月11日，家住台山市水步镇的翁女士来到该镇公共服务中心，向不动产登记窗口递交身份信息，经工作人员核实后，她很快便拿到了不动产权证书。

“今天来拿证只用了几十秒。”看着手里的“红本本”，翁女士十分开心，她之前一次性递交了所有材料，办理完成后工作人员通知来拿证，从家里到镇公共服务中心不到五分钟车程。“以前必须去市区办理，开车来回得一个小时。现在在家门口就能搞定，真是太方便了。”

2020年6月15日，台山市行政服务中心在全市选定3个镇试点不动产简易事项下沉镇（街）办理。服务下沉后，市民群众就近到所在镇便可办理不动产登记，水步镇公共服务中心就是其中之一，设有一个不动产登记专窗，配备两名工作人员。

水步镇公共服务中心工作人员李舜恒介绍，2020年5月，台山市行政服务中心专门组织了业务培训，并为中心配备了办理业务所需的整套设备。"将不动产简易事项下沉到镇一级办理，为全镇居民提供便利的同时，也可分流台山市行政服务中心不动产登记窗口群众，减少排队时间，提高办事效率。"

台山市行政服务中心有关负责人介绍，经过前期试点，2020年7月，台山市正式在各镇推行不动产登记业务，将不动产登记中与老百姓生活密切相关的部分业务下沉到镇（街）办理，打通政务服务"最后一公里"。

笔者了解到，台山各镇公共服务中心办理不动产登记和在区政务服务中心办理登记的流程、时限均一致。办事群众只须"取一次号、排一次队、提交一套材料"即可办理，通过数据多跑路，实现群众少跑腿，让群众真正在家门口享受到不动产登记服务，为群众提供更多选择、更多便利。

第4节
鹤山市：实施“政银通办”落实落细便民惠企

“您好，查询社保请到政务服务区。”2020年9月11日上午9时许，中国建设银行鹤山支行（下称“鹤山建行”）政银通办服务专区已有不少市民，在工作人员的指引下办理社保查询、完税证明打印和不动产登记等各项业务。

“我住在中山路，走路过来不到五分钟。”鹤山市民徐先生刚在工作人员的指引下，利用自助服务终端查询了社保缴费记录，他表示，许多政务事项在建行办事时顺路就办了。“建行服务好，有专人指引，一趟能办几件事，非常方便！”

让数据多跑路，企业和群众少跑腿，是江门建设数字政府的初心，也是近年来鹤山建行探索的方向。2020年，在当地政府部门和上级行的支持下，鹤山建行将高频政务服务引入银行网点，并打造24小时“政务+金融”服务区，让市民在家门口就能享受到高品质政务服务。疫情发生后，该行主动靠前服务，发挥金融力量，为企业纾困解难，助力复工复产。

2020年7月2日，江门市全面上线“政银通办”服务，鹤山建行在中国建设银行江门市分行的支持下，一举推出145项政务服务，涵盖住房公积金、社保、人社、医保、不动产、营业执照等10余个板块，让鹤山市民在离家最近的建行网点享受高质量政务服务。

吴女士是鹤山建行的老客户，也是该行“政银通办”服务的直接受益者。“前不久按揭购买了一套房子，今天过来办理提取公积金还贷款，前后不到10分钟。”她介绍，如果没有“政银通办”服务，要先拿购房合同到行政服务中心办理提取证明，拿到证明才能到银行办理提取。“现在大大节省了办事时间和成本，一次就能全部办完，离家近也不用排队。”

“截至2020年9月，鹤山建行共有7个网点开设政银通办自助服务专区，配备19台智慧柜员机，鹤山支行营业部还专门开设了政务服务专窗。”鹤山建行副行长罗顺余介绍说，近年来，该行通过与政府部门深度合作，逐步把行政服务功能引进银行，真正做到让数据多跑一次，市民少跑一次。

为保障“政银通办”服务高效实施，鹤山建行对各网点软件、硬件全面升级。一方面，全面优化网点环境和智慧柜员机，拓宽服务功能。如通过与鹤山市市场监管局加强合作，引进营业执照打印设备，配合该行全国首创智慧柜员机（STM）智能办照系统，实现营业执照即办即批即取，同时该行创新性推出江门市首张不动产电子登记证明，进一步优化不动产登记流程，为市民提供更多便利。另一方面，鹤山建行还对窗口服务人员开展

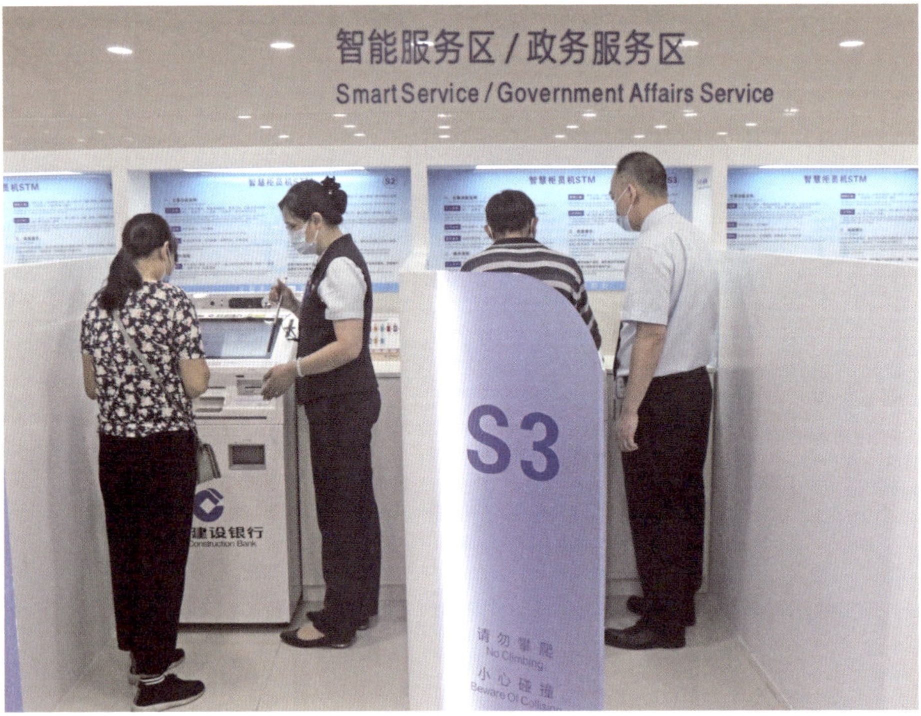

建行工作人员引导市民办理政务事项（任龙摄）

专题培训，优化提升服务质量，提高办理效率，让群众到一趟建行就能办成几件事，确保市民到银行办理政务事项无难点、无堵点更舒心。

除设立政银服务专区和综合服务专窗，鹤山建行还特别开设了一个24小时不打烊的政务服务专区。通过赋能自助银行，加载政务事项，让市民办事更自由、更轻松、更高效，打破“5×8”小时工作时间限制，享受“7×24”小时不打烊服务，有效解决上班职工请假办事不方便的问题，为更多市民群众带来实实在在的便利。

近年来，鹤山建行发挥金融渠道优势，为市民群众提供更多便利的同时，积极支持当地经济社会发展，助力鹤山建设湾区现代化创业之城。

2020年初，新冠肺炎疫情来势汹汹，鹤山不少企业纷纷站出来，为抗击疫情助力。1月25日，广明源光科技股份有限公司迅速组织人员，加班加点生产700台壁挂式消毒杀菌器捐赠给湖北省，分配到武汉市与四地市26家医院呼吸内科使用，用技术和爱心助力武汉人民和全国人民战胜疫情。

随着疫情进一步蔓延，广明源公司遇到了资金周转困难。关键时刻，鹤山建行主动出击，第一时间深入企业走访调研，针对性推出“战疫贷”等金融产品，帮助企业渡过难关。

“我们从鹤山市科工商务局获悉，不少企业面临资金周转困难。”罗顺余说，2月11日，鹤山建行迅速组织调研摸底，其中广明源正公司全力生产抗疫物资和设备，急需资金支持，向鹤山建行提出申请贷款1000万元。为加快放款进度，江门建行和鹤山建行主要领导赴企业实地走访，核实情况，特事特办。

“从提出申请到建行放款，前后只用了4天时间。”广明源公司有关负责人说，2月初，疫情防控形势严峻，生产杀菌灯原材料物资紧缺，只能款到发货，企业生产流程面临巨大挑战。“发愁之际，鹤山建行主动联系我们，了解情况后，立即为公司补充经营周转流动资金方案，并协调各方资源，开辟绿色审批通道，第一时间为公司申请到了1000万元流动资金贷款，解了我们的燃眉之急。”

广明源公司是众多受益企业之一。疫情发生以来，鹤山建行累计为当地19户重点企业发放“战疫贷”1.9亿元，为近百户普惠金融客户提供1.8亿元资金支持，帮助企业纾困解难。

“助力企业复工复产，是鹤山建行众多惠企举措之一。”罗顺余表示，鹤山建行将积极探索，加强与政府部门沟通合作，为广大群众和企业提供更多便利和优质服务，为鹤山建设湾区现代化创业之城贡献建行力量。

第5节
恩平市：率先实现工建审批全流程网上办

在恩平市行政服务中心二楼，广东恒心智能科技有限公司恩平项目负责人黄志军在工程建设综合窗口工作人员指导下，在线上建设工程审批平台填写、上传资料，申请施工许可证。

“线上填报为我提供了极大的便利！”黄志军说，“我们从深圳过来恩平工业园区投资，本来以为报建手续烦琐，审批时间会很长，没想到审批1天我们就拿到了施工许可证，现在已经能开始准备施工了！”

2020年以来，恩平市政务服务数据管理局积极深化“放管服”改革，按照省、江门推进数字政府改革建设工作要求，大力推进工程项目审批制度改革。截至2020年9月，恩平共完成市直单位79项审批事项进驻工建审批系统，完成157个审批项目，全部实施网上办理。

2020年5月，恩平在江门率先实行事项全流程网上办理，企业群众办事零见面，进一步提升办事效率。

“2019年年底，我们就开始筹建线上工程审批平台，今年年初，我们对审批事项进行梳理，5月份，我们正式推出了一网通办服务。特别是在疫情期间，更多企业、群众选择在网上办。目前已经有160人次在线上申报。”恩平市住建局窗口组长何永忠介绍。

据介绍，在恩平社会投资工程建设需要经过四个阶段，分别是立项用地规划许可阶段、工程建设许可阶段、施工许可阶段以及竣工验收阶段。这些阶段涉及了发改部门、自然资源部门、住建部门等多个部门。

“在线上工程审批平台，有十分清晰的流程申报手续，我们只需要根据指引提交材料，很快就可完成审批。”黄志军说。

此前，在恩平投资工程建设需要走访多个部门，递交多次材料，现在在网上就能完成所有的资料递交。此外，在恩平市行政服务中心二楼大厅，还集合了与工程建设的有关部门，为企业、群众提供一条龙的办理服务。

"在工程综合窗口两边的是住建局、发改局、城管局、供水供电等部门，如果有群众来到线下递交纸质材料，我们也可以为他提供'保姆式'的服务。"恩平市行政服务中心协调股股长岑宗存介绍。

截至2020年9月，恩平进驻市直单位审批事项79项，进驻率100%。如建筑工程施工证核发、房地产开发企业资质证书核发等多项行政许可事项均可做到全程网上办理，并核发电子证照，让数据多跑路，让群众少跑腿，更好实现网上快捷办事、平安办事、健康办事，极大方便企业和群众。

"线上申报递交的资料，经工程建设综合窗口工作人员预受理没有问题后，将内部流转到各个审批部门，进行并联、限时办理。"何永忠介绍，"'零见面'审批极大避免了办事难的问题。"

在投资工程建设项目审批上，立项用地规划许可并联办理、工程建设许可并联办理、施工许可和竣工验收的审批分别需要10个、15个、5个和10个工作日。项目全流程审批时间控制在55个工作日以内。

"我们正在以'交地即动工'为工作目标，让企业签订土地出让合同，即可收到建设工程规划许可证和建筑工程施工许可证等文件，可以马上动工。"恩平市政务服务数据管理局局长郑前进说，"这需要我们继续提高工程建设项目审批效率，优化建设项目审批服务。"

据了解，恩平正在积极推进工程项目审批制度改革，出台便民服务企业新举措，优化行政审批流程，精简施工许可手续。不仅将质量安全监督登记手续与施工许可证核发合并办理，真正做到缩短审批时限，主动为企业和群众做好服务，更将建筑工程施工许可证审批事项由原来11项申请材料减至9项，以电子证照方式发放建筑工程施工许可证，提高审批效率。

工程建设申报线上办理除了方便企业外，还能方便很多建民用建筑的市民。市民自己买地建造民房也是恩平的一大地方特色，所以线上申报能让更多市民享受数字政府的便利。

以广东恒心智能科技有限公司为例，在立项用地和工程建设方面，都由园区代为办理。“园区与审批部门联动，为我们带来了极大便利！”黄志军说，“到了需要自主办理的阶段，我们通过线上办，还实现了一天审批发证，让工程建设不断加快。”

恩平正在认真落实提前介入、预验收，指导企业做好验收准备，顺利开展联合验收工作，实现事项零的突破。同时，创新审批方式，简化审批材料，实行网上报送材料、发放电子证照。

截至2020年9月，已有广东恒心智能科技有限公司、恩平德铭光科技有限公司、广东纳斯卡环保科技有限公司等多家企业的施工许可证申报，均在一日内完成审批并核发施工许可证，得到了工业园区及企业的好评。

附录 APPENDIX 观察团观察员简介

梁汉文　江门市人大代表、江门市房产建筑设计院有限公司董事长

梁汉文1989年到江门创业，2007年创立房产建筑设计院，是一位成功的企业家。他担任江门市工商联总商会副会长；还牵头成立江门市河源龙川商会、江门市河源商会；被推选为江门市人民检察院特约检察员。他乐善好施，热心公益，从2013年起担任广东省扶贫基金会第五、六届理事会理事，近年来捐助家乡经济社会建设近百万元，广受各界赞誉。

罗达全　江门市人大代表、江门市蓬江区芝山五金工艺制品有限公司总经理

2010年，罗达全英国留学后回到家乡江门，协助父亲管理家族企业——芝山五金工艺制品有限公司，短期内帮助企业转型升级，公司其后

迅速发展壮大，实现营业收入多倍增长，他也成长为一名优秀的青年企业家，荣获广东省新生代非公有制经济代表人士文明使者、第六批广东省岗位学雷锋标兵等称号；因积极支援疫情防控，获江门市红十字会授予“博爱银奖”荣誉。罗达全还是侨乡文化研究专家，收藏的五邑侨批（银信）有五件被选入由广东、福建两省联合申报的“侨批档案—海外华侨银信”世界记忆类遗产文本，先后组织参与侨乡文化、华侨文化展览30次以上，推动江门侨乡文化事业发展。罗达全主编书籍《侨乡文书抗战史料选编（五邑侨乡卷）》2册和《华侨书信抗战史料选编（五邑侨乡卷）》2册（2015年底出版），以及“新宁铁路档案汇编”系列共8本图书（计划于2020年底出版）；先后多次接受中央、省、市电视台采访和参与节目拍摄。

吴德山　江门市政协委员、江门市德山复合材料科技有限公司总工程师

吴德山负责统筹管理江门市德山复合材料科技有限公司科技研发、市场服务、知识产权等事务，是一位优秀的科技创新专家。他还是江门市二级高层次人才、高分子化工专业高级工程师、江门市科技局材料专家、江门市市场监督管理局标准化专家、江门市创业导师、广东省创业导师、国际先进材料与制造工程学会北京分会理事、江门市新的社会阶层人士联合会常务理事。

冯永文　江门市政协委员、江门市房地产协会副会长、江门市蓬江区工商联副主席、广东骏景湾地产集团执行董事

冯永文是广东骏景湾地产集团执行董事，具有丰富的行业管理经验，是新生代企业家的优秀代表。骏景湾地产开发面积在江门地区排行前列，本土企业中排名第一，连续多年进入江门市国地税纳税百强，参与社会公益、慈善行动的捐款以千万元计。冯永文还担任江门市房地产协会副会长、蓬江区工商联副主席、江门市新生代企业家商会会长。他撰写的《关于公共配套设施集中布置的提案》被评为优秀提案。

林志勇　新生代企业家代表、江门市弥敦家具有限公司总经理

林志勇2003年从复旦大学光源与照明工程系毕业后回到家乡江门，从事家具生产和贸易工作。他所管理的弥敦家具有限公司位于江门市新会区双水镇，是一家以出口美国高端家具市场为主的生产型企业。林志勇还是一位“品酒专家”，考取WSET国际认证品酒师 3级，近年来大力从事高端红酒和洋酒的推广和销售，公司与国际知名企业、中国最大的精品酒企业均有紧密合作。

肖德荣　新生代企业家代表、江门市蓬江区新鸿基实业有限公司总经理

肖德荣是一位自主创业的模范企业家。1981年出生的他，于2004年凭借5万元起步，进入印刷行业，之后创立新鸿基实业有限公司。经过十多年发展，公司已成为一家现代化的印刷企业，彩盒和不干胶等常用印刷品销往全国各地以及美国、日本、加拿大和东南亚、西欧20多个国家和地区。

詹雨鑫　学术界专家代表、江门职业技术学院党委宣传部负责人、江门市高层次人才、江门市社科联第八次代表大会代表、江门市科技计划项目评审专家、蓬江区首批优秀专家和拔尖人才

詹雨鑫曾任南方日报主任记者、江门新闻部新闻总监、南方舆情分析师，在新闻写作、新闻策划、新闻统筹、舆情应对、团队管理方面经验丰富、业绩突出，尤其对地方经济社会发展形势有独到见解。先后荣获“中国新闻奖”“广东新闻奖”“五邑新闻奖”等各类新闻奖项逾40个，并荣获江门职业技术学院“学生最喜爱教师”称号。

后记 POSTSCRIPT

为什么出这本书?

詹雨鑫（江门职业技术学院党委宣传部负责人）

作为特邀观察员、活动主创人员之一，笔者亲身参与了"为民服务解难题·政务服务无堵点"观察团活动。前后历时近一年，南方日报驻江门办事处、江门市政务服务数据管理局精心选点、认真组织，观察团不走过场、认真履职。既肯定成绩，又发现问题，尤其将问题导向放在首要位置。观察团反馈的数十条意见、建议，均得到回应、改进，效果实实在在。

这是一次生动的传播实践。作为亲历者，笔者有两个感受。一是补短板。为做好数字政府建设工作，政府部门千方百计，推出很多创新举措，但普及率、知晓度还不够，短板比较明显，观察团及时介入，媒体跟踪报道，宣传铺天盖地，做到广而告之。二是畅渠道。群众、企业作为一线办事的主体，是政务改革最直接的体验者、验收人，对糟心事、烦心事、忧心事有切身体会，观察团及时跟进，从群众、企业视角去观察、体验、收集，从激励、改善角度出发，通过媒体转达意愿、表达诉求，打通反馈渠道。可以说，与江门政府部门首次联合推出观察团活动，是主流媒体从供给侧创新了新闻产品供给，重构了传播模式，丰富了新闻内涵，切实"把宣传党的主张与反映人民心声统一起来"。

这是一次有益的政媒互动。借助观察团这个平台，政府、媒体与社会三方相互信任、相互尊重，形成了良性互动。公众的意愿得到充分反映，媒体的公信力得到充分彰显，政府的责任与担当得到充分体现。观察团是政媒互动的结晶品，是主流媒体与政府部门集思广益、凝聚智慧的有益尝试，是新闻服务向智慧服务、民生服务延伸的试金石。政府改革在哪里，媒体活动就在哪里，影响力、传播力就在哪里，政媒通力合作“实现宣传效果的最大化和最优化”。这也再次证明，从党同群众的联系角度来看，政府与媒体是亲密的伙伴；从社会公共关系角度来看，政府、媒体与社会，利益是高度一致的；从党性与人民性相统一角度来看，党和政府主办的媒体“是党和政府的宣传阵地”，“要树立以人民为中心的工作导向”，“必须成为党和人民的喉舌”。

所以，这本书在努力追寻时代意义，既是对观察团新闻产品创新的全景式记录，又是对数字政府建设、政务服务改革“江门样本”的深度思考，更是对新时期媒体转型、政媒互动、舆论引导的深刻洞察。在此，感谢每一位观察团活动的组织者，感谢每一位尽心尽责的观察员，感谢每一位投身数字政府改革的弄潮儿、见证人，感谢南方日报出版社的倾力相助！

成书难免挂一漏万，还请各位读者海涵。

2020年10月30日于江门潮连